中國學術思想

研究輯刊

三八編

林慶彰 主編

第**8**冊

臨濟禪與療育學

李欣霖 著

花木蘭文化事業有限公司

國家圖書館出版品預行編目資料

臨濟禪與療育學／李欣霖 著 -- 初版 -- 新北市：花木蘭文化
事業有限公司，2023〔民112〕
目 2+146 面；19×26 公分
（中國學術思想研究輯刊 三八編；第 8 冊）
ISBN 978-626-344-396-9（精裝）
1.CST：禪宗 2.CST：臨濟宗
030.8   112010418

ISBN-978-626-344-396-9

9 786263 443969

中國學術思想研究輯刊
三八編 第 八 冊   ISBN：978-626-344-396-9

臨濟禪與療育學

作　　者 李欣霖
主　　編 林慶彰
總 編 輯 杜潔祥
副總編輯 楊嘉樂
編輯主任 許郁翎
編　　輯 張雅淋、潘玟靜 美術編輯　陳逸婷
出　　版 花木蘭文化事業有限公司
發 行 人 高小娟
聯絡地址 235 新北市中和區中安街七二號十三樓
　　　　 電話：02-2923-1455／傳真：02-2923-1452
網　　址 http://www.huamulan.tw 信箱 service@huamulans.com
印　　刷 普羅文化出版廣告事業
封面設計 劉開工作室
初　　版 2023 年 9 月
定　　價 三八編 16 冊（精裝）新台幣 42,000 元

臨濟禪與療育學

李欣霖 著

作者簡介

李欣霖博士，於民國 106 年畢業於國立彰化師範大學國文系博士班，其治學嚴謹而不拘泥，思辨敏捷而不逾越；加之有豐碩的國學基礎與西方哲學的邏輯思考概念，所為論文，除能參酌本國古今碩學論著外，更能融入西方學術思維，故能屢見創新，發前人之所未發。作者對於中華文化思想、儒學教育、道家哲理、心理輔導、生命教育以及民間宗教思想等課程，都是李博士的學術專長。又參與帶領民間宗教實際修練，有多方面的著作與經典教學等，經驗豐厚，在這方面著述了多篇學術論文和專書，這些著作都獲得了學界的肯定與讚譽。作者的研究於範圍哲學、宗教、中文與漢學等領域，修得雙碩士、雙博士的學位，並曾經任教於南華大學宗教所及成功大學漢學所。目前創設春秋學會暨春秋學院，以儒釋道之經義用之於心理治療為主軸，著作目前達三十餘本。

提　要

　　禪宗表達出自古以來就被人所重視的生命之本，由於其強調無，以即心即佛又非心非佛、說是一物即不中等宗風，使得禪門以「無心為道」的敞開方式，讓人融入禪的生命之流。以公案來表達直觀的心意，簡易說出禪的意圖，是對生活的反映，而且也表現一種生命情結的對治；以不說而說的「空」代表著清儉、真實與美善的本質，為生命提供了來源與活力，成為禪師智慧的結晶。禪師以各類禪法的操作方式，不從門入，取得珍寶；不觀變化，直了因緣。顯示禪空靈智慧的生命觀照，將人生現象以「空假」為中道的本質來闡述。做為真理開顯的視域，進而能化解生命的困厄，帶出生命療癒的效果。本文以公案做為例舉，讓禪與存在更能緊密結合，對比生命有無之間的情境，詮釋人們的意志，並釋放人類共有的潛在訊息，這種訊息是人在「禪」中的生活常態，使人在禪中安頓生命與調適情志。本文結合西方心理治療之「閱讀療癒」、「詩歌療癒」與「書寫療癒」等領域，對照於臨濟禪門療癒的作用，使禪的「療育」的再詮釋。禪宗在慧能前是一「潛醞時期」，慧能到臨濟義玄禪師是一「競起時期」，從義玄禪師後的一百五十年間，各家競起，其中的一個主流傳承是從慧能大師、南嶽懷讓禪師、馬祖道一禪師、百丈懷海禪師、黃檗希運禪師、臨濟義玄禪師等，而臨濟義玄的徒子徒孫開出「文字禪」、「看話禪」、「書寫禪」等，為禪門發展出文字般若的療育與療癒的作用，並舉克勤、慧開、星雲等三位禪師為研究對象。本文弘調佛教文獻的分析與詮釋，使得般若與心理、療癒的結合功能，從而使禪的本質不斷超越現存狀態，以意、境與物為「禪」提供的存有意義，成為禪的終極統一。

目

次

第一章　緒　論

禪是直指本心以面對生命的各種疑難雜症，為那些息息相關的人群、社會、自然、宇宙、古今等範圍，提供了一種玄妙的方式，教人進入「無」的境界。進入覺知後再將與之放開，人不再有我，心物不再二分，心物同時融入禪中，同時也開顯在禪中，那就是禪不可名狀的示現。入禪的智慧是需要親身親為的，那條路沒捷徑、甚至沒有門口，更不可能人云亦云，只有在世間的執著不斷放開中，人才可能通向屬於自由的禪。禪表達出自古以來就被人所重視的生命之美，由於其專意於中道、強調不二、即心即佛又非心非佛，說是一物即不中的風格，使得禪以「無心為道」的方式敞開，讓人融入禪的生命之流。

本文以臨濟宗體系中的三位禪師：圜悟克勤、無門慧開、星雲大師等思想開展，他們各自傳承了臨濟禪風不同的面相，並發展「文字禪」、「看話禪」、「書寫禪」等教法，並呈現禪的療育方式。他們表達直觀的心意，那不只是對生活的反映，而且也表現一種審美觀的發用，禪師教人走進淨化、真實與美善的境界，為生命提供了來源與活力，故成為人們智慧的結晶。

本論文的研究，以臨濟禪風的理論以及其對療育與療癒的開發為主，展開臨濟宗祖師的生命關懷，並對比於西方心理治療的手法，從詩歌療法、閱讀療法與書寫療法等，期能從禪偈、公案、心理、療育、療癒等面向，建構屬於禪門的治療體系。

第一節　研究動機與目的

禪宗的基源乃生命本來就是屬於開悟的、圓滿的、健康的，非邏輯思維、

沒有辯證考察，更無須查察求索，是直契本真的映顯，其以直覺的方法，指向人的審美與生活世界交感所併發的理趣，這樣的宗風成為一種生命之真善美。如康德曾以理想的美，必須預設了理念為基礎，如云：「一個理想應當在評判的何種根據中發生，就必須以何種按照確定概念的理性理念為基礎，這理念先天地規定著對象的內在可能性，建立於其建的那個目的。」〔註1〕這天性就是對審美的積極肯定，掌握此美就能有撫慰生命情緒的能力，達到療育的作用與效果。

一、研究動機

　　禪宗的承繼般若的精神，以融通淘汰與蕩相遣執的方式化解了生命的負擔。認為生命外在一切就是不可得的狀態，本來就是自自然然、玲瓏剔透，當人生有負累情狀，不需要在藉由外在的任何方法、手段、工夫的滲入，而是只要滌除現象、排除掛礙，與自然融合，則病狀就能達到撫慰、安頓、痊癒，即人若能合禪，則生命本為無病。對於病狀而言，也可以豁醒人們不要對現實太過於依賴，心不可有所執持，因病而上遂於命，透過療癒的空靈，生命得以提升情境而終能回歸自然。

　　人生真的能把生命的意義發揮出來，每天都生活得很充實、快樂，就連死亡也是會很瀟灑。佛陀指出：「人命在呼吸之間。」〔註2〕一吸一呼就是一個生死。生死都是中性的，死亡是下一個生的開始，自然法流一直在生生滅滅，身體是大自然的一分子，跟大自然的法則完全一致，身心當下都是在剎那生滅。白天和夜晚也是空，不用二元對立的立場去顛倒夢想，而把它冠上是好是壞，有動有靜、浪起浪落、有生有滅，生命自其本然地在運轉。禪對療癒的開啟是對現代生活的能量的賦予，並期望本論的研究動機，列述如下：

（一）發掘佛教型的療育學

　　佛法否定恆常不變，也否定斷滅空，佛教講的是生生滅滅中的不生不滅。凡人因沒有見到法、不安心、不自在，人的生命如少水的魚，被無常死神逼迫著，越來越感到恐慌。對於死亡的不安，將導出不正確的觀念，也引向不正確的想法。從佛法到禪法，無不是教人心能靜下來專注於心，專注自己的止觀，禪宗藉由公案來拋磚引玉，將基礎打好，讓修行收到實際效果。

〔註1〕康德：《判斷力之批判》（台北：聯經出版社2013年12月），頁73。
〔註2〕《四十二章經》：復問一沙門：「人命在幾間？」對曰：「呼吸之間。」佛言：「善哉！子可謂為道者矣！」CBETA, T17, no. 784, p. 724a3-5。

> 妙喜云：公案，公者乃聖賢一期之轍，天下通途之理。案者即公府
> 之案牘也。凡有天下者，未嘗無公府；有公府，未嘗無案牘，蓋取
> 為法，而治天下之不正。今佛祖機緣，目為公案者，亦猶是而已。
> 愚按。批判拈頌，發明古人機用，勘驗學者邪正。蓋有不可少者，
> 若夫腳跟未穩，道眼未明，住於此作活計，則流滯情識，礙道匪淺。
> 故寶峰此語，乃宗匠為人解粘去縛，即妙喜欲入閩碎碧巖集板之意
> 也。若緣此而屏棄公案，抑止拈頌，則正眼不開，差別不明，穿鑿
> 謬亂，觸事面墻，何以為人天師範耶。〔註3〕

臨濟禪的公案是以教而不教、不教而教來教，是身教重於言教的宗風，禪師一言一行都成了生命之教，直指人生命的要點，無一不是體禪的流行。故教人化解生命的枷鎖及病情，以達到清淨大化、心禪合一等旨趣，是當前世界人類生命問題療癒的基石。如《疾病的希望》一書中說：「如果我們能體會到疾病和死亡令人敬畏的偉大力量，就必然在這體會之光中，了解以我們的力量來對抗疾病和死亡是多麼可笑。」〔註4〕這樣的觀念頗似禪宗的療育觀，疾病與死亡是生命的一種體相，我們只有去瞭解它、體認它，讓它回到原來的整體性，疾病會告訴我們目前缺乏什麼，使我們察覺我們必須去關注什麼，經由這內在的傾聽和覺醒的過程，使疾病不再發生。然而工夫的體證也因人而見解程度不同，筆者嚐試要將這種古老智慧的體證，成為生命療育的學理，此即為首要的動機。

（二）禪宗公案做為療育的案例

「禪」以展現自由、接受現象、面對無常等意境，做為美學主體及心理療癒為論述，從祖師們展現自我生命的深度，而他者相遇於命運的艱難時，用點撥詮釋自我意志，顯示人類共有的潛在訊息，這種訊息是人在生活微調心靈，可以用來呈現禪的心靈面向。以其語言藝術的超越功能，從而使心志不斷超越現存狀態，以生命與禪境為存在提供意義；又注重內省體驗，把內省體驗視作生活的悟性，依此悟力展開對人心的焦慮，並提出生命的省察，禪宗思想與療

〔註3〕釋妙喜集：《禪林寶訓合註》卷1，CBETA, X64, no. 1263, p. 483c11-20 // Z 2：18, p. 170a1-10 // R113, p. 339a1-10。

〔註4〕托瓦爾特・德特雷福仁（Thorwald. Dethlefsen）、呂迪格・達爾可（Rudiger. Dahlke）合著，易之新譯：《疾病的希望》（台北：心靈工坊，2011年），頁38。

癒的關係，依此可展開匯融。臨濟義玄禪師的機鋒峭峻，以喝叱等顯大機用，別成一家，後世稱作「臨濟宗」，門風興隆，成為禪宗五家（臨濟、溈仰、曹洞、雲門、法眼）是為禪門最盛行的一宗。中國佛教的特質在禪，而禪宗又以臨濟為代表，所以對於創始者義玄禪師的禪風要給予特別的重視，自義玄以下所開出的文字禪、看話禪與書寫禪為研究探討，針對禪師的開悟從而說明對生命的關懷，禪師們為人找到一條安頓之道、化解人為的內在緒等問題，是為中國宗教普遍的共相，臨濟禪風可為另一種療癒面向的詮釋，這是筆者的第二個動機。

（三）對於療育的議題，再與西方心理治療學做一深度的對話

禪宗的禪門療育與西方禪的正念療癒有所不同。西方禪是以心理學治療為基礎，化解病患的心理隱患。臨濟禪的療育是以啟發示為教育，進而引導患者化解患者的身心病痛。目前西方的心理學家對於需要各種方式來治療患者，且遲遲無法治癒的病情。故有的轉而重視心理的調適與對治，他們尋找人類基本驅力的思考方式，隱含人類受到基本驅力所操控這樣的思想，所以尋找基本驅力的心理學，是探討人們外在病狀的方法。如「存在心理學」主張的對人性負責的理論，將自我超越視為人性的最高意義，人活著就是為了達到自給自足的圓滿地位。心理學家以個人不只有心理上的自我層次，還有先驗上的真我層次，在超越自我心理學中，自給自足的人是追尋真我的運作。存在心理治療家—歐文・亞隆（Irvin D. Yalom, 1931～）認為：「無法避免的焦慮，來自對人生四大核心課題的覺察：死亡、自由、孤獨與無意義，當人覺察這些問題後，存在上的衝突就會出現。」〔註5〕其實這與中國的禪宗非常類似，對於人類現代課題的關懷與禪宗所強調空、放下、不執等也有一定程度的匯通，就此展開為第三個動機。

以上三個面向來開出研究的動機，是經由現代醫療不斷地省思，今人總是要回頭向古人探討生命的議題。如《真原醫》的作者說到：「人有三體—身體、情緒體、心思體都和諧平衡，才能讓患者真正走上康復之路。」〔註6〕這說法類於禪的療育（療癒）思維，即是經由去執、回歸，認識生命—病痛—療癒相依的關係，重建生命整全性的健康。

〔註5〕歐文・亞隆（Irvin D. Yalom）著，易之新譯，《存在心理治療・上冊》（台北：張老師文化，2011 年），頁37。
〔註6〕楊定一：《真原醫》，232 頁。

　　臨濟宗是漢傳佛教禪宗南宗五個主要流派之一，自洪州宗門下分出，始於唐朝臨濟義玄（？～867 年）大師。義玄從黃蘗希運禪師學法 33 年，之後往鎮州（今河北石家莊正定）滹沱河畔建臨濟院，弘揚希運禪師所倡啟「般若為本、以空攝有、空有相融」的禪宗新法、大張天下，後世稱之為「臨濟宗」，而臨濟寺也成為臨濟宗祖庭。因其禪風比較剛勁，故而後世與理論較為細密的曹洞宗相比，稱「臨濟將軍，曹洞士民」。

　　義玄的師父黃蘗希運（？～850 年）繼承馬祖道一「即心即佛」的思想，力倡「心即是佛」之說。「性即是心，心即是佛，佛即是法」。提倡無心，「無心者，無一切心也。如如之體，內如木石，不動不搖；外如虛空，不塞不礙。無方所，無相貌，無得失。」又說：「但能無心，便是究竟」。

　　義玄從希運學法 33 年。他要求弟子和信徒首先必須建立對佛法、解脫和修行的「真正見解」；確立「自信」，相信自己「佛性」與釋迦文佛、達摩老祖無別，無需向外求佛求祖，尋求解脫成佛；主張修行不離日常生活。義玄禪師於 854 年到河北鎮州（正定縣）的臨濟院弘法，以三玄三要、四料簡等法接引徒眾，有普化佐助義玄禪師，但普化不久就全身脫去。其留下的禪宗療育的思維，是依中國古老的哲理而建立，隨著歷史的演進，更加入了古人的體證與指引，讓人人都能從心去探尋本源，以回歸的力量將命與病融合起來，成為一套工夫歷程。義玄主張「以心印心，心心不異」，後世有「心心相印」一說。臨濟義玄上承六祖惠能，歷南嶽懷讓、馬祖道一、百丈懷海、黃蘗希運的禪法，以其機鋒凌厲，棒喝峻烈的禪風聞名於世。現存《臨濟語錄》和《祖堂集》卷十九、《景德傳燈錄》卷十二等記載了他的生平事跡和禪法。

　　臨濟宗傳至宋代，臨濟宗傳至石霜楚圓（986 年～1039 年），石霜門下高足二人，黃龍慧南（1002 年～1069 年）開黃龍派；楊岐方會（992 年～約 1049 年）開楊岐派。黃龍慧南初學雲門宗，後從臨濟宗，大闡禪門，因其住黃龍山（今江西修水縣）而得名。

　　楊岐方會因住楊岐山（今江西萍鄉北）而得名。南宋時因為楊岐派傳人、徑山寺住持大慧宗杲大倡話頭禪，傳之無門慧開禪師，其使得臨濟宗一支獨秀，成為禪宗與漢傳佛教最具代表性的宗派。

　　臺灣臨濟宗，本文以佛光山的釋星雲為代表，由釋星雲於 1967 年創辦，致力推廣文化、教育、慈善等利益眾生的事業。在世界各地創設的寺院與道場達 200 所以上，每天為佛教徒與大眾服務。

二、研究目的

　　現今療癒的方式千百萬種，不同的方式也可能開發各種不同的療癒，甚而將傳統「治療」轉為「療育」發展到「療癒」，也是本論開展的方向。對於「治療」的定義，總是在我與你的對立關係上。如西方學術比較是站在為他人提供身心問題的解決方法，不管是醫學的、護理的、養生的、心理的、精神的……等正統的醫療方式；而現代治療的方法，也開發出各種的方式，以適應每一個體千奇百怪的生命疾病，乃至於各治療的學問……等等。其所治療的原則是，「我」有一套療法，可以解決「你」的病痛煩惱問題，故有生病的現象，就會產生各種施治的療法。為了瞭解生命與病痛的關係，人們用心力去研究各種治療的知識與技能，對於知識的獲取及健康的追求目標，可謂極其能事，但所談的知識，面對真正生命的議題，仍是無法完全提供生命的治療。現代人生命的負面人生可能是意識的情緒，正統醫療面對這種問題以及其所帶來的痛苦，仍就像坐井觀天而束手無策，即使是傳統的醫學專家所探討病痛，也只能看到心理的投射。

　　人們發生病痛，總是將症狀試著交給某個專家來解決，以致於生命與病痛交涉之間，本身永遠不會有意義的連結。對於生命的過程，人們急於解決一路上遇到的問題，但是卻忘記了解決之後到底要去哪裡？加諸在生命之上的各種病痛等問題，越來越多，因此在社會上醫院變多了，許多名醫也常成為熱門搶手的人物，各種醫療的管道相對於以前多得太多，而且醫療藥物更容易取得、醫療的運用更有效率、醫療花費也更加便宜，但是須要醫療的人卻越來越多，所生出的病更是千奇百怪，人生命負面存在感卻越來越多，而且煩惱與病痛千變萬化，更是「治療者」疲於奔命越來越不容易解決。就種種人生真實的現象，如何可將禪法帶向為種療癒的面向，乃至成為正式的療法？如果西方禪學傳來的「正念療癒」是可以參考的方式，那麼筆者也將藉用其模式開出本土禪宗的療癒觀。

（一）從治療、療育到療癒的整合

　　西方對病痛是以「治療」的觀念，華人傳統是以「療癒」為方式。治療是一種方法、手段、工具的運用，來割除、消滅、殺死病痛而使身體達到健康；華人療癒的觀點則是用平衡、安頓、導引身心的方式，使人的身體恢復健康。療癒是命與病兩者互為協調，因命而慰藉於病，因病而上遂於命，透過療癒心靈，生命得以提升情境而終能明善復初。如《內經》云：

聖人不治已病治未病，不治已亂治未亂，此之謂也。夫病已成而後藥
之，亂已成而後治之，譬猶渴而穿井、鬥而鑄兵，不亦晚乎！〔註7〕

藉中國傳統的治療，則是一種根據病情，消除病命的對立、追源溯本的療法。
中國傳統的預防醫學與療癒的思維，建立在中國傳統醫療方法之上，更加入了
前人的體證與指引，讓人人都能從心去探尋本源，以心的力量將命與病融合起
來，用心去整合出一套可以自我療癒，也可以提供他人療癒的方法。所以中國
這一套「療癒」的思想，其定義實則包括「治療」與「化育」的觀念與態度。
〔註8〕中國先哲的教學是教而不教、不教而教，在身教重於言教的師道下，一
言一行都成了生命之教，直指生命的要點，無一不是人人體道的流行。曾昭旭
說：「心靈生命不健康所外顯的病徵，就是情緒上的憂、懼、惑、怨、尤（以
上依儒家、負累（依道家，即心靈倦怠感）、煩惱（依佛教）、及罪惡感（依耶
教）。」〔註9〕從「療育」又進而達成「療癒」，更十分符合中國傳統三家的療
癒觀，所以這裡所說的「療癒」是一種整合性的治療，也就是從生活的每一個
當下之「心」，來觀察人性的特質。本論乃從禪師的生活中，開顯出禪應對每
一種天地人事物所遇合的事件，並力圖達到最合理的安排，為本文研究目的之
一。

（二）彰顯公案作為療育的啟示

禪師生命的際遇在環境的摧折打擊中，透過公案禪偈發聲，將現實析離出
來，轉變成生命的一部分，形成創作的媒材。禪不是低賤成附庸般的唱和，不
能劃界自清於人文精神，要堅持保有對維護生命的一份尊嚴，能夠主動介入現
實，以喧囂的筆法，替生命營造鷹架，登臨俯瞰生命的瞬息萬變。在迅速變換
的生活中，焦慮、疏離、孤獨、冷漠、憂鬱、虛無、絕望……等等，構成存在
的不安與不確定性，禪家並不刻意「警示」人生，而是「覺察」人生，以柔和
的禪心的效應與訴求，揭露迷茫中存在的經驗，勾勒現實的樣貌，進而省思一
切存在的意義與價值。禪雖乃採取出世的、遠離的態度，卻不否認世間一切普
遍的真理，分析禪門中隱藏在人心底裏的靈性的真實及禪師體現的生命療癒
的發揮，是為本文主要的研究目的之二。

〔註7〕王冰註：《黃帝內經》（北京：中醫古籍出版社，2003年），頁12。
〔註8〕基於此種原理原則，本文所提到的療癒思想，實概括了中國三教思維——治療
　　　與化育，而成為一種「療癒」的新觀點。
〔註9〕曾昭旭：《良心教與人文教——論儒學的宗教面相》（台北：臺灣商務印書館，
　　　2003年），頁137。

（三）讓療育與療癒成為禪法的特色

觀察歷來的禪師以生命在於整合自己的每一部分，它所發出的直觀來自於心性，不是分裂身心靈。只要直觀的正念的時時覺知，熱情絕對不可能死亡。正念與直覺療法皆強調回到心的起點，把生命歸零，面對過去的傷痕，掀開舊創疤看到它已經被療癒，這樣的目的是解放，目睹自己轉化成新生命，更圓滿的活在當下。各種療法，可以與中國本土宗教與心理的療癒方法對話，發展出一套對於人間虛蹈浮泛之病，給予有效的解消可能。呂凱文說：「正念療育學（MBST.Mindfulness Based Sufferring Therapy）是一種帶著華人文化特色的中道正念學，因應當代東方世俗神會的需求而產生，它是採取分解對結合的兩種方式，先從純粹正念常學傳統萃取與吸收出來，再置入東方華人脈絡進行有機結合。」〔註10〕對於人的存在、人的命限、人的可能性，都是期望達到深處的結構，並期能整合臨濟禪法、公案、禪偈等療育的功能，做某一程度的結合，以做為療癒方式的共融，從而說明對生命的關懷，哲人與禪師都想安頓生命、解決生活問題、對治身心病痛等都是文化之關懷共相，為筆者第三的目的。

禪門重視療育，而與當代的心理學重視療癒，筆者認為這是一體的兩面。佛陀不但是偉大的教育家，也是第一流的心理治療專家，有大醫王及應病與藥之能力。佛法傳到中國，發展出中國禪法，是對佛陀教法的重新出發，禪師繼承這樣的智慧，繼續開發出為世間所迷惑的貪、嗔、痴等心理病症，並給予施治與藥效，故人生之大病可以為禪所療癒。而禪法的現代化發展，也需要學習西方已發展的相關理論，如從心理學、實存分析、精神醫學與意義治療等學理，做出融匯貫通之後再與佛法來相互對話，發展出療癒的可能，本論從心理療癒的角度，期開顯出本土心理療癒──禪宗的療育與療癒。

第二節　研究方法

生命與真理在傳統哲學和美學中，本是互不相連的兩種領域，藝術探討屬於美學，而真理問題則歸於知識論。禪宗對傳統文化現象的虛幻，力圖追尋一超越的理境，其不斷強調回歸、無、默靜、去執等，筆者以境界、作用、語言的方式，象徵著邁向禪宗的存有論的精神形態，期產生了一種革命性的解破。

〔註10〕呂凱文：《正念療育的實踐與理論》（高雄：台灣正念學會，2015年），頁538。唯本書並無特別將「療育」一詞作出名確的定義。

就存在的精神而言，禪宗及其公案都是不斷在世界中挺立而起，他們熱愛生命，瞭解自己的存在狀態，以禪表現他原始生命的力量，並從中發現意義，他們以禪表達自我意識，清楚自我存在的結義構與意義，並自由地選擇自己的存在方式，去面對生活世界。他們的創作，是一種文學的方式，是生命的表達，也是一種存在的取向，當禪人以禪探索生命時，禪就成為一種心志的意義，也是一種邁向療癒的根據。本文採用了有關中西學術比較研究法、禪學美學的方法、心理治療分析法、以及視域融合的詮釋方法，等面向來撰寫，敘述如下：

一、比較研究方法

比較研究法（comparative method）是將兩種以上的學問或思考理論，加以有方向、有目的的敘述，對照、分析、探求、批判，找出其中的異同旨趣，並歸納出學術面向與原則，做為解決有關問題或研究之參考。為建立學術上的原理原則，從中西文明發展或問題的比較研究中，推論出中西方對療癒的原理原則，有助於療癒觀的建立與發展。研究過程中，擴大視域融合以擴大專業見解，破除偏見及偏狹的地域民族主義觀念，讓學術更具客觀化。〔註11〕對相同命題有不同面方或同一性質事的不同種類，透過比較研究，而找出其中的共同點或差異點，來深入認識體相用的一種方法。因此比較研究法之基本原理，相同與差異。當相同的目的在於以類似情況，做當前研究現象之比附援引，以做同因必同果式的解釋或預測。當差異時常為證明不同因、不同果，故不能將當前研究的對象與其他對照現象混合比附。故比較研究法蓋分為四個步驟〔註12〕：

（一）敘述（description）

從蒐集資料入手，對欲研究的議題、事項等予以說明其中內容。從具備有系統的陳述研對象的資訊，才能對其有正確客觀的了解，故為了詳細敘述，必須對資料廣泛而完整的蒐集，並於事前確立研究的計畫大綱，以便能正確引導資料的蒐集行為。將研究的主題予以規範及陳述，並蒐集相關的公案文本，作為比較法的先決條件，本論以心理治療與禪宗公案為對話，從敘述中產生可以對話的關係，並藉以成立理論的可能性，故敘述上顯列禪宗在心理療癒與療育上見解，作為中西學術的比較。

〔註11〕參考林清江編：《比較教育》（台北：五南圖書，1983 年 8 月），頁 819。
〔註12〕參考楊國賜著：《比較教育方法論》（台北，正中書局，1975 年 1 月）。

（二）解釋（interpretation）

即從各種不同的觀點分析其中內容、意義或影響。採用科學研究的方法作有條理、有系統、且客觀的分析比較，以找尋事件的相對原因，以增進研究者對事件的形成與事件的過程加以了解，在實際的運用上，可作為理論或制度革新的依據，是理論與實際並重的研究方法。當心理學的解釋是否用以展開禪學的療療的功能，這一項很細緻而且小心的嘗試。

（三）並列（juxtaposititon）

是針對問題有目的的考察、比較、整理與歸納，以作為問題及政策的參考依據，以療癒為目標，若心理師可以依照某種原理為患者提供建議，這樣的原理，是否可以在禪學裡找到方向，而產生並列為用的可能性。為避免錯誤的比較，須依據共同的事實及問題，以同一觀點分析和判斷，並列出的療癒的目的，即是根據適當的標準，找出可供比較研究和設準。

（四）結論（conclusion）

當研究進一步將敘述、解釋、並列後，將此命題的不同說法，進行項目對照研判，了解其中異同，並做出最後做出研究結論。兩方學問的對話，結論的產生必然有所參差，有合理的結論、也有不適的結論，這都是本論都要說明的。

不論學者試圖詮釋的是什麼，都需要參考架構來比較詮釋事件，這個參考奇構不能和所要詮釋的東西處於同的層面，因為外在的事件和過程，都只能透過某種形而上的參考系統來詮釋，如此才能得到意義。

這是比較研究方法的運用，正是為了將中國禪學與西方心理治療學做出一進程的脈絡說明。中西兩種文化是指人類由原始推進文明所作的努力，表現在文學、歷史、哲學、法律、政治、心理等方面，而不同的社會其文化內涵與特質自然也不同，所以在觀察中西兩種文化的行為型態及價值觀念，必須就該文化的背景分析，才能了解問題的真象，繼而從事比較研究。故「比較研究法」的目的，可以人之長補已之短，從相互比較之中，常可從別處領悟，發現自已的不足之處、作為改進的依據。比較研究後之結果，僅具參考價值，並非是絕對的預指標，並無普遍適用的性質，除要了解本土學術可能存在的癥結與可能解決的途徑外，必須要與其他研究結果相互參證，並注意時間、地點及所處情況的異同，才能顯示真正的意義，且非提供我們決定性、永久性的答案，此才是重要與正確的運用方法。本論著重在心理學與禪宗療癒的可能性，適度地藉引心理學的理論，來闡發禪宗公案所帶出來的效果，並期待開發出禪宗療癒學。

二、心理治療分析方法

（一）傳統心理治療

從弗洛依德開始了心理分析學派的心理學典範，雖然每個心理分析學者的內容相異甚大，然而他們有一種共通的思考方式。他們認為人是一種充滿能量的動力系統，一但能量被引發，就需要使用種種行為加以發洩。「弗洛依德認為人的基本能量是生之本能，也就是性驅力，因而把人類種種行為皆解釋成性驅力的作用。」〔註13〕相對的與弗洛依德的弟子阿德勒則認為人有基本的『自卑結』，促使人發展『力爭上游』的基本驅力，據此產生各種生活風格。〔註14〕榮格則依弗洛依德的原理，趨向回歸的心理分析，如人格都有英雄之旅的三個階段：啟程、掙扎及回歸，以此說明人們如何從神經質的自我到健康的自我，最後回歸靈性的本我。〔註15〕弗洛依德所發展系列的心理治療，乃將人們從自卑恐懼等人格出發，透過轉化心理的力量，以抵達真我的本質。

（二）存在心理的觀點

對人性有許多假設，認為只要給人類一個完全安全的處境，人類便可以自動自主地產生對個體最有利的行為與思想。至於如何產生最安全的處境，他們主張要給予不帶評價的、溫暖的、關懷的、尊重的、非指導性的環境。存在心理學家認為關係（relationship）是一切的起源，人們都在自我與他者的關係上連結，人性的二重性造成世界的二重性，認為人類對意義的找尋並非是獨立於社會之外的一種完全孤立的活動，它是一種「我」與「你」之間進行的溝通及活動，故「存在」是發生於「我」與「你」之間，所以「存在」也包含了「相遇」、「關係」及「對話」等，故歐文‧亞隆說：「人必須先和他人分開，才能面臨孤獨；人必須獨自經歷孤寂。不過，面對孤寂最終會使人深刻、有意義地與他人相遇。」〔註16〕因為相隔讓我更認清了你，而你是相對的另一個我。布伯對關係云：「與精神實體相關聯的人生。此為朦朧玄奧但

〔註13〕參考鍾友彬、張堅學、康成俊、叢中等著：《認識領悟療法》（北京：人民衛生出版社，2012年2月）。
〔註14〕阿德勒（Alfred Adler）著，吳書榆譯：《阿德勒心理學講義》（台北：經濟新潮社，2015年5月）。
〔註15〕大衛‧里秋（David Richo）著，楊語芸譯：《回歸真我——心靈與靈性的整合指南》（台北：啟示出版社，2012年8月）。
〔註16〕歐文‧亞隆：《存在心理治療》下冊，頁485。

昭彰明朗之關係；此為無可言喻但創生語言之關係。在這裡，我們無從聆聽到「你」，但可聞聽遙遠的召喚，我們因此而回答、構建、思慮、行動。」人在其中生活，彼此發生關係，這種關是華人社會不可或缺的人倫運作，存在的意義就在這樣的關係中，人也因為這樣的關係而有了生命的動源。故布伯云：「所有真正的生活是「相遇」（All real living is meeting）。〔註17〕他認為人的需要是實現與他人或他物發生「我─你」的關係。存在心理學的根本核心正是他畢生對人類所傾注的熱切期望，把全部生命投入到與其他者的「相遇」，即我與你才能結合出生活世界的一切，唯有了知這人與一切的關係，才是對人類的整體觀照。

（三）精神醫療觀點

屬於精神醫學的直覺療法是一種整體醫學的運用，它不是教人用不生病，醫生會向癌證或其他絕症患者提醒，假如人們明白「病」這件事情，它可能是要教這個主人什麼的功課，或是在生病及治療過程中學到了什麼，比去研究病症會更重要。這樣的觀點，讓面對絕症的患者可以如釋重負，他不完全需要揹負病魔或死亡的恐懼，直覺療法以身體、情緒與生活三種面向來展開直覺療法的運用。身體的直覺是全方位，它不僅尊重智能，還能召喚更深層的智慧以指引人，智能與直覺是明友，它們可以合作愉快。堅信自己的信念，把此信念視為直覺的指標，它可能是就病的先兆，也可以是避開就病的方法，預防疾比人想像的還要容易。當病人要面對醫生時，自己也要將這個行為視為神聖的療癒行程，因為所有關於治療的關係，都是夥伴關係；療癒永遠是雙向禪。你有權利針對自己的醫療表達意見，如有必要，甚至應該傾力爭取。

情緒的直覺一直與我們同在。過去所做不曾消失，如今影響也未曾走遠；想要躲開命運的人，常會在半路遇到命運。人們無所不用其極地想要趨吉避凶，強力地要用藉用各種外力想要召喚幸福，如今業力的粉塵用霧霾的方式襲捲世界，人是否能自覺，最致命的憎恨往往產生自最深層的渴望危機。「破碎的心，即是最完整的心」、「危機就是一種轉機」〔註18〕人如果能視最深沈的痛苦為療癒的機會，便能部除黑暗的詛咒。

〔註17〕布伯著，陳維剛譯：《我與你》（台北：桂冠圖書，2011年），頁5～6。
〔註18〕參考奧羅芙，Judith Orloff 著，唐嘉慧譯：《直覺療癒》（台北：遠流出版，2002年）。

三、唐君毅的「超越反省法」

本論內在療育精神的運用，也常以中國傳統理論為依據，唐君毅（1909～1978）之「超越反省法」為代表之方法〔註19〕，筆者並將之喻為「中國式的精神治療法」。在行中時時體認唐先生所認為，生命必須藉由心之本體的掌握，此心之本體只能透過超越的反省來確立，反省生命現象何以有病、痛、罪、惡、毀、艱、哀、虛、顛……等等現象〔註20〕，徹徹底底地將之翻至其後面、上面、前面，或下面加以省察，從這些現象中不斷的超越反省被體驗出來，終而回歸可以察覺那心之本體所發出的無為作用，然後將人生負向現狀一一化除。何謂超越的反省法？如云：「所謂超越的反省法，即對於我們之所言說，所有之認識，所知之存在，所知之價值，皆不加以執著，而超越之；以期翻至其後面、上面、前面，或下面，看其所必可有之最相切近之另一面之言說、認識、存在、或價值之一種反省。」〔註21〕筆者對於唐君毅的思想或問題的提出，引古今學者的論述作為一積極呼應對治的方法，也旁徵博引依古今中西經典，反覆地申辯其一課題的文字，詮釋了他在哲學著述中思想，並以其「超越反省法」為方法，將生命療癒的思維由本至末、由外到內，由前到後等超越反省的論述，期能靈活運用在他的思想的詮釋。

唐君毅的思維方式或哲學方法受自黑格爾的影響，故是以辯證法為基本的哲學思維方法，然「超越反省法」中又含「辯證法」的運用，故帶出禪宗式的精神分析。唐君毅的「辯證法」又以超越反省的省察方式，能擺脫黑格爾的框限，故唐先生說：「必俟我們對原初之『正』作一超越之反省，而認識其後或其前之『反』，進而再超越此『正』、『反』等，而後可能。」〔註22〕因為在比較的辯證中，筆者特別注意的，從此一思想或思想系統之本身的超越，而從事於此思想與他思想或思想系統之或同質或異質的關係比較、類推或批判等等反省。故在邏輯的分析或推演的科學方法中，不能沒有超越的反省的作用，即在一切思想的引申推演，從超越一思想之本身，而另有所一思想的啟思，如對生命健康原貌肯認的詮釋，又從禪德異化產生的生命病痛，又問人為何會有

〔註19〕唐君毅：《哲學概論·上冊》（台北：學生書局，2006年9月》，頁195。並參考李欣霖：《儒家治療學》（雲林：春秋學會，2016年1月）。

〔註20〕參考唐君毅：《人生之體驗續篇》（台北：臺灣學生書局，2010年），各章節名稱。

〔註21〕唐君毅：《哲學概論·上冊》（台北：臺灣學生書局，2006年9月），頁191。

〔註22〕唐君毅：《哲學概論》上冊，頁193。

病痛？而這樣的病痛不只在我，在與人事物之間必有牽連的影響，人事物也因為我而病痛不止，哲人救本之禪的再反省，於是在不斷超越反省下，扭轉異質又回歸生命的健康。故其中國儒禪形上的掌握以此「超越」的意涵，主要要人在面對問題時更辯證、更仔細地對問題作出反思再反思，而可以的話，則進而「反思及其它之事」。這種遇見問題而不斷作出相應反思的回應態度，也是禪宗思考裏最基本的思考方法。

以上研究方法的運用，當人處在一種真誠（authenticity）的模式，將可以察覺自己是生活世界的藝術創造來源，歐文·亞隆曾說：「人能真誠地存在，在這種狀態中，人變得能完全自我覺察，覺察自己是超越的『自我』，而擁抱自己的可能性和極限。」〔註23〕一種對於承受命運的真誠，可提升其生命的境界與價值。而這就是人生責任的體察，唯有建立在超越各種現實生活意義的「終極意義」，才能肯定人生的終極意義。弗蘭克則說：「人所要求的，並非如同某些存在主義哲學家所言，是去忍受生命的無意義；而是要忍受自身無能力以理性抓住生命的絕對意義。」〔註24〕這率真的體現，在禪宗則呈現為禪境，那是對生命是沒有命限之命運，理性超越了虛無，而達到空性的意義。體現如夢似水的人生，正是一條自然的坦途，生活的一切都已被超越，禪宗與公案都能在醒豁中見到一生都充滿了率真的意義，已經從人生的「命如懸絲」成就為一名超生了死的「禪宗祖師」〔註25〕，一位達成為意義的行者。這一整全的自然觀照，生活一切都禪宗置此身重於宇宙，恬貴於紛華，人生中見到一生都充滿了率真的意義，以「超越者」的姿達至成就意義的人，同時也進入禪的境界中。

第三節　文獻回顧與評述

本論文的研究文獻，概分為三大範疇。一、哲學、美學文本。二、佛學、禪學文本。三、心理治療學文本，茲將文本代表，回顧如下：

一、哲學、美學之文本回顧

哲學的精神在求其真與善，美學的精神在求內在的善，亦符合禪學的精神

〔註23〕歐文·亞隆：《存在心理治療》上冊，頁63。
〔註24〕弗蘭克：《活出意義——從集中營說到存在主義》，頁145。
〔註25〕此喻六祖惠能從無識字的樵夫到禪宗祖師的故事。參見《六祖大師法寶壇經》〈自序品第一〉。

也在求其真善美的意義。從康德的《批判》〔註26〕三書為參考，康德理想的美
學，必須預設了理念為基礎，一個規範理念、二是理性理念。如云：「規範理
念，這是一個單一直觀（想像力的直觀），它把人的評判尺度表現為一個屬於
某特殊動物種類之物的尺度。理性理念，它使不能感性地表象出來的那些人類
目的成為人的形象而在現象中啟示出來。」〔註27〕這是說明人通過理性自我規
定自己的目的，卻能把它們與本質的和普遍的目的放在一起加以對照，並因而
也能審美地評判它們，故只有這樣的人，才能成為美的一個理想，唯有人類在
其人格中，作為有理智的生物，才能成為世間一切對象中的完善性，故從直觀
才掌握審美的尺度，以達到理性的目的，這才是美學建構的標準。直觀的智慧，
在禪宗是「空」的反映與表現，以一種表達覺知的方法所呈現的語言，是禪宗
審美與與生活世界交感所併發的生命力，故禪可以匯通於西方哲學、美學等觀
點，而應用於本文的研究之中。

　　華人對中國思想很大的期許，尤其於中西文化的匯通，已經有了很大的努
力，在儒釋道與西方哲理交流上，開發出中國學術史上一大進展。本論以牟宗
三所詮解的哲學及其相關係的美學理論為要，又輔以新儒家等學者對佛家與
禪宗相關的分析。如牟宗三《智的直覺與中國哲學》〔註28〕一書，將康德消極
意義的認識論的設想，轉而為肯定為有積極意義的直覺論的實現原則，不僅是
真實的直觀方式而且就是人類這種有限直覺者所能有的直觀方式，並認為三
教皆強調，人可以有智的直覺，此是指心有一種價值創造的能力，這樣的直覺，
與禪宗本自具足的、是本自清淨、本不生滅、本自具足的本意相符〔註29〕。依
此人可以是無限，以人有其創造性與無限性，這樣的無限就是一種療癒能力，
而人本來就具有這樣的能力。又牟宗三《佛性與般若》〔註30〕一書，則對於般
若或禪家多「詭辭」的用由，這方面他論述上頗為深入，作者對實有與非實有，
禪宗是以「如何」來運用其「詭辭」指點，而不直示「是什麼」的話語，以不
在原則上否定現象，也不原則上肯定現象，故而能開出「非分別說」的理境，

〔註26〕康德：《純粹理性之批判》、《實踐理性之批判》、《判斷力之批判》（台北：聯經
　　　　出版社，2013年）。
〔註27〕康德：《判斷力之批判》（台北：聯經出版社，2013年），頁73。
〔註28〕牟宗三：《智的直覺與中國哲學》（台北：臺灣學生書局，1980年10月）。
〔註29〕《六祖大師法寶壇經》：「何期自性，本自清淨；何期自性，本不生滅；何期自
　　　　性，本自具足；何期自性，本無動搖；何期自性，能生萬法。」CBETA, T48,
　　　　no. 2008, p. 349a19～21）。
〔註30〕牟宗三：《佛性與般若·上下冊》（台北：台灣學生書局，2004年6月）。

達到了「以指指月」﹝註31﹞的效果。故其通過佛家之般若之說，可表達出禪家重本義、輕教理的教義。如其言可以用語言文字來表釋一法門或至無量法門者，都屬於「分別說」；而說「非別說」的理論所言，則是無所說，一法不立，其目的是使一切方便說法皆歸於實相，而實相即無相，故禪可以說就是以「非分別說」傳法的法門。﹝註32﹞

　　傅偉勳《從創造的詮釋到大乘佛學》，其中有多個面向談論到佛法的開放性與多門性，又闡述佛為大醫王的觀點，如云：「據《涅槃經》（卷二十五）所載，凡夫的心理病症，大體分為貪欲、瞋恚、愚痴等三種，即等於原始佛教所云三毒。教示貪欲者觀骨相、瞋恚病者觀慈悲相，愚痴者觀十二緣相，此即以煩惱病症而佛法為良藥之喻。」﹝註33﹞其援用「問題探索法」闡釋四諦教義，將之看成一種精神治療法，並認為這佛教思想的現代化繼承與發展的範式。而禪宗的一大特色是在依不二法門來破除迷妄問題，本來既無問題，當然無所謂分不分析，更不必談對治或解決，也就是說禪宗並不解決問題，而是去「解消」問題。作者舉意義治療的關注與分析，讓現代人對於「應病門」現代化課題的重視，並期待國人能消解此一課題，而這其實也是本論的下手之處。又傅偉勳：《從創造的玄詮釋學到大乘佛學》一書中以〈鈴木大拙二三事〉一文，談到鈴木禪學吸引歐美人士的興趣與注意，其引海德格說：「如果我對鈴木的了解不差，他在書中所說的，也正是我這一輩子在自己的論著所想表達的東西。」也顯示出鈴木禪學是如何引起歐美人士的興趣與注意，而將中國的禪風帶到歐美，讓禪風又興盛回到中國，這其中鈴木也算是關鍵人物了。傅偉勳說：「他那禪學的現代化表達底層有他深刻無比的禪悟體驗，無形中流通到讀者的內心，而使讀者能在字裡行間涵詠體會言外禪意。」﹝註34﹞鈴木禪學表現出那超越國界與宗教派系的偉大氣魄，也與古代禪師的精神相輝映。

﹝註31﹞《大智度論》卷9：「如人以指指月以示惑者，惑者視指而不視月，人語之言：我以指指月令汝知之，汝何看指而不視月？」CBETA, T25, no. 1509, p. 125b1-5。

﹝註32﹞牟宗三：《中國哲學十九講》第十六講〈分別說與非分別說以及「表達圓教」之模式〉（台北：台灣學生書局，1983年），頁354。

﹝註33﹞傅偉勳，《從創造的詮釋學到大乘佛學》（台北：東大圖書，1990年），頁410。

﹝註34﹞傅偉勳：《從創造的詮釋學到大乘佛學》（台北：東大圖書，1990年），頁198。

二、佛學、禪學的詮釋文本

智性的觀察是頭腦的作用，故其不論從這個來源對自然界做如何的了解，認為一切都是一種自然的抽象物或自然的代表，自然不會把它自己的本來面目顯示給智慧。智慧是我們生命的整個內在，智性是頭腦觀察外在的感受，當禪師說把公案放在身體裡，他的意思是說，公案是該由整個的生命去體察的，人應當透過智慧把它合一鈴木大拙說：「不要指導的或客觀的看待它，把它當做某種與我們相離的東西。」〔註35〕而這是正佛教或禪門所要說明的。

本文的應用方法可能遇到某些困難，但是透過對話與消解，然後重新詮釋，展開的新意義。實際層面所發生的事件，本身也許不會有任何意義，事件只在經過詮釋後才有意義。只有透過智慧消融後的詮釋才能使人們體驗到事件的豐富意義，這正是禪師所要實踐的。臨濟義玄（？～866年）乃臨濟宗之祖，他在言行在禪宗公案中常常被引用，後人集有《鎮州臨濟慧照禪師語錄》〔註36〕一書，其言：「黃檗山頭曾遭痛棒，大愚肋下方解築拳。」〔註37〕禪師所提供的常常是棒與拳的生活，也只有生活在這樣的情境中，卻能逼顯出人性智慧的昇華。

臨濟的創使人臨濟義玄曾住鎮州（河北正定）東南小院，院近滹沱河之側，故號「臨濟院」，後以默君和太尉捨城中之宅為寺，迎師居之名「臨濟」，其徒眾慕師道風而前來者，絡繹不絕。臨濟的三玄三要、四料簡等機法接引徒眾，更以機鋒峭峻著名於世，別成一家號為「臨濟宗」。禪師教化學人，每以叱喝顯大機用，世有「德山棒、臨濟喝」之稱。其對參禪行者極為嚴苛，然而學徒湧至門風興隆，為禪宗最盛行之一派，亦為日本禪宗主流之一。

臨濟宗楊岐派禪師─圜悟克勤（1063～1135）所著《碧巖集》〔註38〕，內容緊密聯繫禪宗的基本理論，把公案、頌古和佛教經論結合起來，以雪竇重顯（980～1052）《頌古百則》所闡述一百則禪宗公案為基礎，透過「示眾」、「公案本則」、「公案評唱」、「雪竇重顯的頌古」、「頌古評唱」五部分，深入淺出的介紹了每則公案的機鋒所在。此書撰成後，在禪林享有盛譽，向有「禪門第一書」之稱。雪竇的頌古百則，向來被認為是禪文學的典範之作。而圜悟的評唱，

〔註35〕鈴木大拙、佛洛姆著，孟祥森譯：《禪與心理分析》（台北：志文出版，1994年），頁92。

〔註36〕《鎮州臨濟慧照禪師語錄》CBETA, T47, no. 1985, p. 495a3。

〔註37〕《鎮州臨濟慧照禪師語錄》CBETA, T47, no. 1985, p. 496a23。

〔註38〕《佛果圜悟禪師碧巖錄》，CBETA, T48, no. 2003, p. 139a3。

與原詩可謂珠聯璧合，使得本書成為禪文學史上的一顆璀璨奪目的明珠。在過去，很多參禪者從書進入禪悟之門，也有很多參禪者因此書墜入野狐劫之身。故向來視若拱璧者有之，付諸一炬者有之，真可謂醍醐上藥，既能殺人，亦能活人，潛心涵詠，自可於欣賞頌古、評唱的同時，領略到禪詩禪語的無窮風光，從而心花頓發，頓悟真如。裏面記載成佛要典，其三關內容不與後世所傳三關同一層次，前者是開悟後所說明的三個層次，後者是初關—空無邊處；重關—透無明；牢關—言語道斷，心行處滅。此書不但創立了解釋公案和頌古的新體裁，也影響了南宋時期，禪門研論文字的風氣，後人稱為「文字禪」。

　　大慧宗杲（1089～1163）是臨濟楊岐派第五代傳人，著有《大慧普覺禪師語錄》〔註39〕，在臨濟宗思想發展史上的貢獻，在於他所創立的具特色的參悟方式，史稱「看話禪」。〔註40〕所謂「看話」，指的是參究「話頭」，其中《大慧語錄》「狗子無佛性」話語出現得最多，也是最能反映他的禪法的風格。宗杲認為要參話頭，必須將心中一切知識成見，都要通通放下，以至連能思能想的心亦要一併休歇，要以虛豁空寂的心去參究話頭。其與圜悟克勤禪學思想不相當〔註41〕，認為參話頭先要截斷心的思維向度，知解成見，是因為我們平常日用的對象性思維，一開始即以能知和所知互相分離為前提，我

〔註39〕《大慧普覺禪師語錄》CBETA, T47, no. 1998A。

〔註40〕大慧宗杲曾批評曹洞宗的「默照禪」，是造成學者終日只知靜坐，是在「斷佛慧命」、「墮在黑山下鬼窟裡」，故以默而無照是邪禪，因而自開出「看話禪」的模式。但是大慧宗杲與默照禪的主要倡導者宏智正覺禪師卻是好友。

〔註41〕玉岑休休居士序：《佛果圜悟禪師碧巖錄》卷1：「碧巖集者，圜悟大師之所述也。其大弟子大慧禪師，乃焚棄其書。世間種種法皆忌執著，釋子所歸敬莫如佛，猶有時而罵之，蓋有我而無彼也，由我而不由彼也。舍己徇物，必至於失己。夫心與道一，道與萬物一，充滿太虛，何適而非道？第常人觀之，能見其所見，而不見其所不見。求之於人，而人語之，如東坡日喻之說，往復推測，愈遠愈失。自吾夫子體道，猶欲無言，而況佛氏為出世間法，而可文字言語而求之哉？雖然亦有不可廢者，智者少而愚者多，已學者少未學者多，大藏經五千餘卷，盡為未來世設。苟可以忘言，釋迦老子便當閉口，何至如是叨叨。天下之理，固有不離尋常之中，而超出於尋常之表。雖若易知，而實未易知者。不求之於人，則終身不可得。古者名世之人，非千人之英，則萬人之傑也。太阿之劍，天下之利劍也。登山則戮虎豹，入水則剚蛟龍，人之知之，盡於是已。然古人有善用之者，乘城而戰，順風而揮之，三軍為之大敗，流血赭乎千里，是豈可以一己之所能，而盡疑之哉。自吾聞有是書，求之甚至，嵋中張氏。始更刻木，來謀於予，遂贊而成之，且為題其首。大德九年歲乙巳，三月吉日，玉岑休休居士，聊城周馳，書於錢唐觀橋寓舍。」CBETA, T48, no. 2003, p. 139a28-b22。

們的思維方式是由主體認識去把握客體，這樣做雖然可能接近，但卻永遠不能達到真理性認識，相反，只會使我們陷入思維的矛盾。甚至認為，那些在世俗世界裏聰明靈利的人，在參禪方面的掌握，往往反而及不上那些愚鈍的人更容易找到入手處。因為這些自以為聰明的人，往往是錯用心識，枉費心機，他們的知識對於生死大事是無半分交涉的。宗杲於是提出了他的看法，若要擺脫日常理性思維的束縛和控制，應該參究「無」字話頭，這不但止息了妄想顛倒，同時亦能破疑情、明根本，洞見自家心底風光。圜悟與大慧思想，實則分而不分，唯大慧一系逐漸發展成「看話禪」一系。

　　無門慧開（1183～1260）為南嶽以下十八世臨濟宗楊岐派傳人。曾奉詔為宋理宗說法，曾因祈雨應驗而獲賜金襴法衣並敕封「佛眼禪師」〔註42〕，著有《無門慧開禪師語錄》、《無門關》〔註43〕等。他所傳公案的語言文字，乃承繼大慧宗杲的理論，承傳「看話禪」為教法，聚焦在生命形而上的參考點，故而也產生了相同的療效。公案的反省，提供生命的意義的整全，告訴人們放下對立面的思緒，就病與與生命的合一本質，只有透過對立面的結合才能達到合一，讓心象的對立，轉變成兩者同時，使一件事接著另一件事的察看，也能成為每一件事都同時發生，這就是慧開的意境。閱讀公案的文字，知人類負向情累的產生乃是一種不健全的生命呈現，而療癒的意思必然代表更接近完整，透過禪師的引導讓人們更趨近生命的真實，成為一種詩性的閱讀。

　　日本禪學大師鈴木大拙《開悟第一》〔註44〕，鈴木是京都學派的大將，也是臨濟宗的學者，其影響不在日本而在歐美，自鈴木的禪學流入歐美之後，舉凡新理分析學派的學者，受其顯響頗深，如榮格、佛洛姆、海德格等都受鈴木的「禪學」所潤飾，可以說鈴木是歐美禪的開荒者，鈴木的禪學鉅著，也具有相當的學術肯定，其《鈴木大拙禪入門》〔註45〕可以說是瞭解「禪」的入門書，此書本於傳統禪宗的顧典籍，又出乎現代思潮，既有公案的饒富興味，又有現代哲理的縝密思維，是對好禪者必要參考之書。又如其「禪學論叢系列」，他

〔註42〕《無門慧開禪師語錄》卷2：「謝佛眼師號。皇恩頒自九重城，雨露纔霑艸木榮；佛祖門庭增瑞氣，四海懽呼萬歲聲。忠心護國成勳業，君父開臣佛眼晴；壽山福海恩難報，永日寥寥賀太平。」CBETA, X69, no. 1355, pp. 365c23-366a2 // Z 2：25, p. 262b3-6 // R120, p. 523b3-6。

〔註43〕《無門關》CBETA, T48, no. 2005, p. 292a25。

〔註44〕鈴木大拙著，徐進夫譯：《開悟第一》（台北：志文出版，1991年）。另有相關系列著作，於文中提出。

〔註45〕鈴木大拙著，林宏濤譯：《鈴木大拙禪學入門》（台北：商周文化，2016年）。

將「公案」作充分的討論，並認為公案的體系不但在禪學裡泄了一種特殊的展展，同時也是禪在宗教意識史上所作的一種獨特獻，如云：「一旦明白了公案的要義之後，我們對禪的認識也就思過其半了。不過禪師卻可宣稱，我們這個宇宙的本身，就是一個向人的智慧挑戰的大公案。」〔註46〕開悟的「悟」，是無漏的智慧現前，在梵文為般若。公案以無我的態度，也就是沒有自我中心和自我執著的態度，教人開悟，亦是般若。開悟，是智慧現前、悟境現前。用方法時，將自己一層層的脫落，漸漸淡化自我中心的執著，這是漸悟。如果一下子就能放下，使自我的執著完全消失，對人、對世間以及自己的人生觀的看法完全改變，這是屬於頓悟。故鈴木說「一旦明白」，是指禪師教人從煩惱形成的痛苦、負擔之中得到解脫，所以必須釜底抽薪，不讓自我有更多的貪求與執著，以算是明白。佛法告訴我們要用戒、定、慧來熄滅貪、瞋、癡；貪瞋癡就是自我，自我所製造的煩惱、痛苦，都是圍繞著貪、瞋、癡而形成。因此，要持戒、修定來開發智慧，才能夠明白而開悟。

　　洪修平著《中國禪學思想史》〔註47〕，是一本完整的介紹禪宗發展的書籍，他提出從淵源印度，到繁興在中國，並將各時期的禪風演化做了詳實的論，如云：「隋唐時期，佛教在中土的發展進入了模仿世俗封建宗法制度而確立傳法世系進行創宗活動時期。又禪家特重師承，認為無師道終不成，因此，南北朝時來華傳授『南天竺一乘宗』的禪法的菩提達摩便被追眾為禪宗的東土初祖。」〔註48〕中國的禪初創於道信，完成於惠能，並代表著中國禪的主流綿延發展到近代。本書的特點是說明了禪宗各派系的演化，特別是五家七宗的發展都有了清楚的說明，乃至到了元、明、清等禪的相關演進，是一本禪學思想史上有其脈絡系統的文本。

　　星雲大師為當代為臨濟宗第四十八代傳人，著作等身，其中有《星雲大師全集》代表其一生的學問，其中《我不是「呷教」的和尚》是一本大師的回憶錄，也是他一生重要歷程的書寫與傳記。大師於 1949 年來台，1953 年創宜蘭念佛會，奠定弘法事業的基礎，1967 年創建佛光山，以人間佛教為宗風，並建立的佛光禪風，其致力推動佛教教育、文化、慈善、弘法等事業，先後在世界各地創建三百所道場，大學、出版社、圖書館、育幼院、仁愛之家，從事急

〔註46〕鈴木大拙著，林宏濤譯：《開悟第一》（台北：志文出版，1991 年），頁 14。
〔註47〕洪修平：《中國禪學思想史》（台北：文津出版，1998 年）。
〔註48〕洪修平：《中國禪學思想史》（台北：文津出版，1998 年），序頁 2。

難救助等福利社會。1977 年成立「佛光大藏經編修委員會」，並出版《中國佛教經典寶藏精選白話版》、《佛光大藏經》、《佛光大辭典》。並編著《佛光教科書》、《佛教叢書》、《百年佛緣》、《貧僧有話要說》等。2017 年發表《星雲大師全集》，共三百六十五冊，收錄其畢生著作。本論以《星雲大師全集》及《我不是「呷教」的和尚》〔註49〕等，論述星雲大師與「書寫療癒」的關係。從大師建構的人間佛教、佛光禪，其於同體共生、平等與和平、環保與心靈、幸福與安樂等理念，都濃縮在其書中，其以書寫來幫助自己走過苦難的歷程，本書不但看到大師療癒的過程，也可以用來書寫療育的看啟者。

星雲大師於 2011 年因中風後健康每況愈下，又飽受糖尿病所苦長達 56 年，雙眼看不清，連提筆寫最愛的書法都有困難，因此也發明了書法要一筆完成，也因此讓星雲大師的「一筆字」成為藝術一絕。在「佛光緣美術館」的網站上，2012 年 6 月團隊拍攝星雲大師寫「一筆字」的過程，星雲大師提到，受到糖尿病影響，眼底完全鈣化，70 歲左右視力變模糊，不能看書、也不能看報紙，手也抖動不停，每說：「那就來寫字吧」，透過「寫字」來養心。

吳汝鈞的《遊戲三昧：禪的實踐與終極關懷》〔註50〕禪宗作為中印文化匯通的奇葩，禪宗自達摩東渡以降，經由二祖慧可→三祖僧璨→四祖道信→五祖弘忍，再傳至六祖惠能，下開南宗禪。而趙州從諗禪師，乃隸屬禪宗六祖惠能所傳之法系：惠能傳南岳懷讓，懷讓傳馬祖道一，道一傳南泉普願，普願傳趙州從諗，是為南岳下三世法嗣成為佛教中國化的指標；到了馬祖道一標榜「平常心是道」，禪者的言行語默，尤其表現出自在隨緣的遊戲三昧。作者在書中詮釋「三昧」為梵語 samādhi 的音譯，意為禪定；「遊戲三昧」則指藉由遊戲轉化的方式，進入動靜一如的境界，讓禪融入了一切的生活，是頗具觀趣玩味的學術觀點。

楊惠南：《禪史與禪思·禪宗的兩大思想傳承》〔註51〕，以實踐佛性的不可說，是屬於超邏輯的。禪家為了表達「真俗不二」，其相對概念的教學設施遂應運而生；而楊惠南〈論禪宗公案的矛盾與不可說〉中，亦以為《般若經》及相關禪宗公案中，採用了矛盾的句法和對立的意象，完全起於詮釋「空」和「不可說」的方便，可以用日常語言思惟加以省視分析。作者以為中國禪的佛

〔註49〕星雲：《我不是「呷教」的和尚》（高雄：佛光文化，2019 年）。
〔註50〕吳汝鈞：《遊戲三昧：禪的實踐與終極關懷》（台北：台灣學生書局，1993 年）。
〔註51〕楊惠南：《禪史與禪思·禪宗的兩大思想傳承》（台北：東大圖書，1995 年）。

性思想更多於般若空觀，《般若經》的中心主題：諸法皆空在中國並未真正為禪師所重，反而吸收了此經的另一特質：世間一切皆為美善、不落窠臼的自在精神，為適合於中國文化的必然發展。又達摩西來以《楞伽經》的佛性（如來藏）思想印心，至五祖弘忍始易以《金剛經》的般若空觀傳授，因而許多禪宗公案的矛盾和不可說，都可以用一般邏輯思維推測其空觀現象，並非只強調作者對禪宗涉入甚深，對於禪宗的歷史及其思想演變都有深廣的學術論述。

鄧子美：〈星雲模式之歷史性成就〉。作者認為近代中華佛教重建有兩條路徑，其一重在依經建立，即重建某一部或多部佛經的唯一信仰權威，這是唯識學者等人所走之路。其二重在內心的宗教體驗，並輔以經論驗證，這是太虛力主的堅持中華佛教本位之路。星雲大師以人間佛教的模式真正打通了佛教重建之路。傳統佛教雖適應了中國傳統社會，在宗教與社會之間仍然無法接續。大多數情形佛教是依附於社會上層，或是厭棄社會與人群隔離。星雲人間佛教的模式就是證明，信眾與僧團之間的關係，能夠和諧互助而共進。佛教與知識份子的關係，佛教徒與社會之間的關係有效方式方法。本文在此兩點作了深入論證，並將大師的人間佛教模式，援引歷史線索為依據，是很具有參考價值。〔註52〕大師稱：「我一生念茲在茲，所提倡的就是融和與歡喜。」〔註53〕貫徹融和思想，就打破了國家、地域、種族等的狹隘觀念，使佛教不膠著、不自限，從而真正能夠打開山門，走向社會，深入人心。人間佛教就是佛教真理與現實人間的融和；大師推動佛教現代化，就是傳統與現代的融和，讓真理的般若之智能利人，其對佛教的理解及建設未來人間佛教的理念，都貫徹具融和的思想，整個理論圓融無礙，從而為人間佛教的教育制度改革奠定了堅實的理論基礎。

顧宏義編：《新譯景德傳燈錄》〔註54〕，是一本淺顯易懂的譯本，本書雖屬譯本，然作者顧宏義將禪源法脈以白話的方式列述清晰，而且考據深入而詳實，對於祖師體系有重要表法者，也論述其法義說明，讓人一目了然。本書特色是將禪宗的法脈以圖表說明，並將其祖師之機緣語詳緣於後，禪師言行而存其法名者，以注文形式，附錄於每卷細目中，接其所承嗣的法師法嗣之內，故對今人瞭解禪師的承淵源甚有裨益。對於公案的表法，有其代表性者，也做了

〔註52〕鄧子美：〈星雲模式之歷史性成就〉《星雲大師人間佛教理論實踐研究（下）》（高雄：佛光文化，2008年），頁274～303。

〔註53〕星雲：《佛光山開山三十週年紀念特刊序》（高雄：佛光文化，1997年），序頁6。

〔註54〕顧宏義注譯，《新譯景德傳燈錄》上中下三冊（台北：三民書局，2009年）。

詳細說明，如說到臨濟義玄時，指出義玄為更好接引學人，對喝的方法有著深刻的研究，將喝分作四類：「有時一喝如金剛王寶劍」即發大機之喝、「有時一喝如踞地獅子」即大機大用之喝，「有時一喝如探竿影草」即試探性之喝，「有時一喝不作一喝用」即包容前三喝之喝，更有「臨濟三」、「三玄」、「三要」、「四賓主」、「四料揀」、「四照用」等這些接引學人的門庭教學，正是臨濟禪風的精髓所在，其風上承六祖，下開五家七宗，對禪門的發展產生重大的影響。作者在這方面的考據甚為詳實，對於筆者的研究上有很大便利。

三、心理治療學文本

心理學的治療，可謂多元化發展，故治療方式也有多樣性的發展，本論文以意義治療、直覺療法、存在心理治療法、意義治療、閱讀治療、正念療法等面向，來詮釋禪宗的療癒觀點：

閱讀治療（Bibliotherapy）文本，即是透過閱讀物的讀取、賞析、評論，作為自癒與解決病症的療法。〔註55〕它也是一種自助（Self-help）治療的動力過程。閱讀可以審視自我的人格，當人們常閱讀小說、禪偈、或是劇本，便能察覺自我一致的需要、目標、與價值。閱讀所引發的替代經驗，包括：釐清（Identification）、投射（Projection）、內射（Introjection）、以及從早期經驗而來的感情轉移（Transference）、感情宣洩（Catharsis）、洞察力（Insight）、認同、淨化、娛樂和領悟……等，如此的智慧文章，提供了外在的參考指引，讓讀者從觀察者的眼光，重新地看待他的經驗。在想像與現實之間，自然地具體化個人經驗，增加自我瞭解，以更正面的態度面對生活，成為生活中的參與者。〔註56〕禪宗的反省，提供生命的意義的整全，告訴人們放下對立面的思緒，就病與生命的合一本質，禪宗公案的審察，了知疾病的產生乃是一種不健全的生命呈現，而療癒的意思必然代表更接近完整，透過禪宗的智慧讓人們更趨近生命的真實，是屬於一種直觀的治療。

「詩歌治療」文本，以詩更能說明禪宗公案，常用以指指月、比興互陳，答問譬喻等內容豐富之情感，隱躍而傳出，言語簡單而意味深趣。本論舉詩歌療法為論述詩歌的療癒，如尼古拉斯所論《詩歌治療》的三種模式：（一）接

〔註55〕參考湛佑祥、陳界、劉傳和、夏旭等主編：《閱讀療法理論與實踐》（北京：軍事醫學科學出版社，2011年11月）。

〔註56〕參考鍾友彬、張堅學、康成俊、從中著：《認識領悟療法》（北京：北京人民衛生出版社，2012年2月）46～55頁。

受性／指定性模式：將文藝作品引入治療之中。（二）表達性／創作性模式：自己在寫作達到治療作用（三）象徵性／儀式性模式：治療中對隱喻、典禮儀式和故事誌述的運用。〔註57〕這三種模式涵蓋了人類所有的認知的、情感的和行為的經驗，將這樣的理論運用在禪宗公案的詩偈療癒觀。生活的直覺，在現實上總是帶來太多的喜怒哀樂的刺激，為了逃離這些刺激所帶來的痛苦，精神會以失常的方式來回歸自然；所以當人性受到太多的激苦，大腦會也選擇用失常的方式來自我保護。禪宗「本來無一物」，故面對失常者，不要急著批判，因為失常其實也是一種正常，因為本來就要如此。專注代表著無論面對任何狀況，都能因此找得到內心的寧靜；保護代表可以直覺地抵抗負面及威脅的力量。看到生命的表相並不見得是實相，即使最痛苦的狀況，也包含光榮與空性連接的可能。遇到黑暗時期，請份外的放空。公案是教導我們認識的生命的大愛，從直覺的角度來看，每一種關係都在傳授無價的教訓，學習直觀乃避刷重蹈覆轍。禪宗直指人心的療法相信生命的賜予，無論你的經歷是辛苦的、還是喜悅的，目的都是要恐固靈性，在這個過程中一如求禪的過程，人要保持專一、凝聚、全力以赴，這就是詩的直覺成就。

　　「書寫治療」文本，即以書寫或創作的練習，來達到某種療癒的效果。本論主要以娜妲莉《療癒寫作——啟動靈性的書寫秘密》〔註58〕為參考，對作者而言，書寫本身就是一種信仰，它涉及一種生活態度與方式，一種直心的修練，藉著書寫、覺察的喚醒，以及與生活的聯結，最終達到自癒癒人的目標。本書被譽為「非常獨特的寫作指導，具有東方的禪意，在直覺中習寫，讓人獲得冥想般的平靜喜悅。」〔註59〕另有布魯斯‧穆恩著：《以畫為鏡——存在藝術治療》一書，主要以創作為療癒的手段，其中創作一詞包括了繪畫、陶土、書寫、詩歌、音樂⋯⋯等都可以做為療癒的手段，作者認為，藝術創作就是喚醒靈魂的過程，治療者不是面對一堆診斷症狀、發展理論的具體呈現，或行為模式和心理病態，療癒者面對的是一個人，這而這個人的人生有獨特的意義。〔註60〕

　　「正念治療」文本，乃以喬‧卡巴金（Jon Kabat-Zinn, 1944～）的《正念

〔註57〕尼古拉斯：《詩歌療法：理論與實踐》（南京：東南大學出版社，2013年6月），頁11。

〔註58〕娜妲莉‧高柏（Natalie Goldberg）著，丁凡譯：《療癒寫作——啟動靈性的書寫秘密》（台北：心靈工坊，2014年）。

〔註59〕美國kirkus review書評網站：《療癒寫作——啟動靈性的書寫秘密》褶頁。

〔註60〕布魯斯‧穆恩（Bruce L.Moon）著：《以畫為鏡——存在藝術治療》，頁51。

減壓療法》〔註61〕為主。這一套的療法乃是從禪宗的系統開出，如其云：「正念其實源自於中國，而不是美國。我們對正念感興趣的時間頂多五、六十年，中國人卻有一千五百年的傳統。我指的是中國禪宗，漢代對佛教智慧傳統的智慧。」〔註62〕此療法的正念乃是佛教禪修的心要，本質上是普遍性的，它不是宗教、意識型態、信仰系統、或迷信、崇拜。又喬・卡巴金的《正念療癒力》《正念減壓初學者手冊》〔註63〕及薩奇、聖多瑞里（Saki Santorelli）的《自我療癒正念書》〔註64〕等西方禪學之「正念」的參考。國內學者呂凱文：《正念療育的實踐與理論》〔註65〕，正念以「禪」的「念」來修，乃著意於當下而不加批判的覺察力，以達減壓、療育的效果。由此引伸，乃發展出所謂「純然注意」（bare attention）的理念：對一切人、事、感覺，都專注於概念生起前的純注意狀態，不作辨識、思考，而只著意於當下發生的直覺經驗。例如，長期痛患者修習時，專注於折騰他們多時的痛感，而不以「痛」來名之或感受之，將所謂的痛轉化成一種純感官經驗，不掙扎、不逃避、不厭惡，這種心態和覺知力，能有效減低患者對痛感的心理抗拒和困惱，逐漸能坦然接受，而造出減壓效果。因此，「正念減壓」課程，便列出不批判、耐心、初心、信心、不刻意追求、接納、放下等七種態度，作為訓練的要門。〔註66〕其療癒運用的方式，也類似中西合璧一的方式，即運用正念智覺緩解身心壓力，讓人開發自我的覺知，安住當下，活出自我正念的人生。

　　總結上述，禪是一種注意力的單純心理原型，智慧與慈悲由之而起，也是處理壓力、疼痛、疾病、情緒、身體之主要的良方，目前全世界對禪所相應療癒產生的興趣，在神經科學、臨床醫學和健康心理中心，都紛紛用各種方式在進進禪的運用與研究，故在禪法的實踐，如何將禪落實於生活中，心理治療可與禪做出最好的對話。

〔註61〕喬、卡巴金著，陳德中、溫宗堃、胡君梅譯，《正念減壓療法——初學者手冊》，《正念療癒力》（台北：張老師文化，2015年）（台北：野人文化，2016年）。

〔註62〕喬、卡巴金著，《正念減壓療法——初學者手冊》，頁5。

〔註63〕喬・卡巴金著（Jon Kabat-Zinn）著，胡君梅譯：《正念療癒力》（台北：野人文化，2016年3月）。喬・卡巴金著（Jon Kabat-Zinn）著，陳德中、溫宗堃譯：《正念減壓初學者手冊》（台北：張老師文化，2015年8月）。

〔註64〕薩奇、聖多瑞里（Saki Santorelli）著，胡君梅譯：《自我療癒正念書》（台北：野人出版社，2014年12月）。

〔註65〕呂凱文：《正念療育的實踐與理論》（高雄：台灣正念學會，2015年）。

〔註66〕喬、卡巴金著：《正念減壓療法——初學者手冊》，頁88。

第四節　研究架構

　　本論文以禪宗思想為主軸，依禪宗的詮釋理論以及公案、寓意、隱喻，以回歸不可以觀察的「無」，所發出無的作用，適切地運用在生活之中，在理性的當下，然後將人生負向現狀一一化除。

　　本論文的研究架構乃兼顧中西哲學、佛學禪學、心理治療學的研究，期望能有突破性的開創；採用比較研究、心理學、美學、禪學、精神分析等研究法，期能開創出禪宗的療癒觀，做為真理的生成與發生，禪宗是屬於空的探求，在禪意創造的術中，教人打開心境邁向「無」的整全，讓人物各自任現其自己。故以禪學、禪偈、公案等為主題，以其療癒的面向，建立禪宗在自我超越與人生關懷的主題，實則是禪在人世間之禪性運用的研究。做為中西方的對話必有其磨合性，而不致於被評為另一種殖民觀念。又以禪宗為空的境界，這樣的理論如何化解，都將是本論必須克服的。

　　第二章，從文字禪與詩歌治療為探論。詩歌療法在當代已經成熟的理論，並運用在臨床上、生活上的技巧，說明詩歌治療的理論與發展。〔註67〕並說明詩、詩歌、詩學、美學、哲學等字義的關連性，即其內容上的連續性，筆者延伸其意義，以本土禪家的療癒觀，以「無」來觀察「有」，空為生命的本全，而生活是一切的存在，是不斷的變化，以空的不變來觀變，則萬變不離其宗。對於世間的病況，禪家不拒絕病情，而是除病不除法的方式，即定慧不二，即工夫即本體，以接受而有化解、超越之道，故禪者的心態是寬廣而包容的。禪宗與僧人們以孤峻之風開顯高雅的學風，使得當時的文人雅士紛紛重視自然審美觀，與時代的理想的張揚，也成為古今、時空的匯融。以此做為一種閱讀介面，其風格上，禪宗有的是深邃與含蓄，有者較顯豁而透脫，故全體朗現，體用綱維易化而為一。在表達方式上，是用描述的講法，隨「無相」為用，化體用為一，以「非分別說」的方式，讓他從是非相對的立場，達到超是非、相忘、相泯的境界。禪宗公案的作用著重的是意象之抒情性，禪的生命性與隱喻化特徵禪家的語言是為無理路之理路、在從混沌中見秩序。

　　第三章，以禪看話禪與閱讀療法為對話。禪以空為主體、療癒為用，從體、相、用與公案來論述，展開一種屬於「全面」的療癒之道。禪宗以整體觀與中國的古代哲學家，同具人文的高度，即都以認識方法與德行的修養是合而為一

〔註67〕本文詩歌療法的理論，參考尼古拉斯·瑪札：《詩歌療法——理論與實踐》（南京：東南大學，2013 年 6 月）。

的，而且公案更能提供一種療癒的式範、生活的驗證，並為療癒的思維，提出針砭負向的人生狀態，可知閱讀禪宗公案之學就是在進一場自療與治療過程。禪宗在偈語與公案上有著其治療的作用，也可作為禪學傳統現代轉型的重要標志。從公案的語言為療癒開展，如其禪宗的「非分別說」、禪宗語言的詭辭型態、禪宗言說非邏輯性等，在在說明禪宗積突破是非的對立、是無言之言的絕對肯定、是注重精神的原創與啟發，故以「閱讀療法」對禪宗語言文字療癒觀的開展，達到生命關懷與療癒之道。

第四章，以書寫禪與書寫療癒為開展。以書寫為禪修強調覺知、專注與觀察，就放鬆地學專注，專心地覺察，不思惟道理。平時則多讀智慧經典，累積智慧能力。哪裡能學到智慧經典？要由自己要能覺察。禪師以體悟與理念，教化示眾、上堂、小參等，雖有相當程度的不同，根據了解文字為禪是北宋以來，新發展出的禪宗文獻形式，同樣都是以「開悟學者」為目的。

綜觀，本論從文字、閱讀到書寫，都是屬於文字般若的療癒模式，本論的架構雖分為三種方式，但大抵分而不分，不分而分，即嘗試在文字般若底下脈終開出療癒的對話。本文也使用現今心理治療中有關文字方面的理念，如詩歌、閱讀、書寫等為取向，並通過公案來論述療癒的原理不過，它不是一種醫學療法，而是一種心靈的安頓，禪師始終以「疑」、「信」、「參」為啟發參悟的重點，其目的是希望能使人人都能身心療癒，終而悟道。

第二章 臨濟之「文字禪」與詩歌療癒

　　臨濟宗的楊歧派的圜悟克勤，專以各種公案、禪偈、頌古、詩評等手法，更具意象地展開禪境，其中所開出的面向可以與詩歌療癒的手法來導引出來，被稱為「文字禪」。

　　美國學者尼古拉斯·瑪札著「詩歌治療」的三種模式：一、接受性／指定性模式：將文藝作品引入治療之中，深入內容與故事互動進而產生認同、共感、暗示、激勵等作用。二、表達性／創作性模式：自己以寫作、繪畫、沙畫、拼圖等，達到化解、舒放、自由等療療作用。三、象徵性／儀式性模式：治療中對隱喻、典禮儀式和故事敘述的運用，達到外化、解構、內化、重新開始等作用。〔註1〕本章嘗試其理論對比運用，來展開之間的療癒模式。黃龍杰是國內推動詩歌療法的心理師，他在著作提說：「心理治療確可彌補治療不及之處，最大的好處是，心理治療促成當事人成為復原之路的主角——學會靠自己。包括諮商輔導、危機處理、都在提供力量給當事人，培養其主觀上更能能力、更有信心。」〔註2〕其中詩歌治療是他最為推崇的，故他把詩歌另闢療癒之路，

〔註1〕（美）尼古拉斯·瑪札著，沈亞丹，帥慧芳譯：《詩歌療法：理論與實踐》（南京：東南大學出版社，2013 年 6 月），頁 11。詩歌治療的原則古時候就已開展，不論《詩經》、《文心雕龍》、《詩品》……等，皆有提出鑑賞、抒寫、或意象模式，透過詩而展開療癒。如今也有人匯編成形式一種專業的治療模式，本文嘗試多元化的面向來論述文字禪與詩歌療癒的對話。

〔註2〕黃龍杰：《心理治療室的詩篇》（台北：張老師文化，2009 年），頁 39。作者將心理治療比喻為爬山，心理師陪當事人找路上山。在這一趟發現之旅裡，當事人透過內省和心理師的反映，往往發現讓我們跌倒受苦的除了眼前的大石頭之外，還有我們背後的「性格包袱」。本書第一篇因應國內心理治療多元化的

可知國內以有專家在進行這樣的療法。而尼古拉斯所提詩歌療法這三種模式涵蓋了人類所有的認知的、情感的和行為的經驗，將這樣的理論藉引在禪宗公案之中展開出療癒觀。

第一節　圜悟克勤禪師與文字禪

唐宋期間文人士大夫參禪已成風尚，如唐代的韓愈、李翱、張說、李華、王維、白居易、柳宗元、劉禹錫、裴休等都與禪門有密切關係，他們或援禪入儒，從思想上大大發揮；或者為禪師作碑銘、集語錄，在文辭上大顯身手，有的直接做了禪門的在家弟子。這種情況宋代更加興盛。宋代文人與禪門過從甚密，由於士大夫與僧人交往頻繁，士大夫亦多參禪者，如范仲淹、王安石、李端愿、趙抃、富弼、文彥博、歐陽修、范鎮、司馬光、張商英、蘇軾、胡安國，乃至理學家周敦頤、二程、邵雍、楊時、謝良佐、呂本中、陸游、尤袤、葉適、朱熹、陸九淵、王日休等〔註3〕，無不是出入佛老、勤走禪門。禪師與士大夫交遊，彼此禪詩唱和往來，談論禪道。據《佛祖統紀》載：「自古公卿與釋氏遊者，重其道敬其人耳，本朝公卿交釋氏者尤為多。」〔註4〕宋代禪師不但通禪理又頗具文采者，促使「文字禪」漸成風尚〔註5〕，唐代已有《語錄》進一

趨勢，幫助讀者理出頭緒，釐清求助管道，終能「登頂成功」。第二篇結合醫學、心理學及文學談心理疾患和詩歌療法，是國內推動詩歌療法的代表人物。香頻說：「「他藉著詩歌治療、心理諮商、帶領團體、演講授、廣播節目、報紙專欄……等各種途徑，為他的詩還魂，兼他的文學討品一片天空。」《心理治療室的詩篇》，序頁21。

〔註3〕明·朱時恩：《居士分燈錄》卷1：「范仲淹（附尹洙、朱炎、晁迥、李沆、杜衍、張方平）、楊傑、劉經臣、孫比部（附楊畋、王安石）。李端愿、趙抃、富弼（附文彥博、歐陽修、范鎮、司馬光、邵雍、呂公著）潘興嗣、張商英、蘇軾、黃庭堅（附韓宗古、彭器資、王正言、朱世英、王衛州）吳恂、王韶、郭祥正、周敦頤（附程顥、程頤、游酢、謝良佐、楊時）戴道純、高世則、陳瓘（附劉安世）、胡安國、范沖、吳居厚、彭汝霖、盧航、都貺、徐俯、趙令衿、李彌遜、張浚、馮楫（附王敏仲）、張九成、李邴、吳偉明（附吳潛、呂正己、呂本中、陸游、尤袤、葉適、陳貴謙）劉彥修、黃彥節、錢端禮、錢象祖、潘良貴、曾開、葛剡、莫將、王蕭、張栻、李浩、吳十三、朱熹（陸九淵、真德秀）余居士（附王日休）、宋景濂。」CBETA, X86, no. 1607, p. 574b13-c5 // Z 2B: 20, p. 429a1-17 // R147, p. 857a1-17. 以上目錄姓名可知宋代出入禪門者都是當時的士大夫與文豪。

〔註4〕宋·志磐：《佛祖統紀》卷47，CBETA, T49, no. 2035, p. 426b4-6。

〔註5〕《佛祖統紀》卷45：荊公王安石問文定張方平曰：「孔子去世百年生孟子，後

步出現外，宋代更有《燈錄》乃至《擊節》《評唱》等大量出現，如德洪覺範有詩文集，因其住於江西石門寺，故直題書名為《石門文字禪》〔註6〕，其中釋達觀作序云：「蓋禪如春也，文字則花也。春在於花，全花是春，花在於春，全春是花，而曰禪與文字，有二乎哉？」既然不分，以文弘禪，也就理所當然。當時士大夫與禪師們相互來往，好作歌頌，他們使用華麗舖陳的文字表達自己對禪的體悟，或編撰禪門之言行語錄，並流行在古則中添加拈古或頌古，或在上堂、小參時，引用古人詩句、公案機鋒或使用對偶工整的韻文，作為講解的內容，故直接間接影響到宋代禪林重文字的風氣，促使「文字禪」大為泛濫。

從宋代禪風來看，自法演以來「公案」被禪師用來訓練弟子，做為讓他們開渚的一種方法。克勤在這大環境之下，禪教逐漸合一，他也走上以文字解禪的風氣，然而他自己是卻是輕文字、重禪悟，他對思想的看法在《碧巖集》中有說明，本文探討克勤的禪風，並與詩歌的治療進行對話，期望將文字禪發揮淋漓盡致的療效。

一、圓悟克勤的開悟歷程〔註7〕

圓悟克勤佛果禪師，乃楊歧派五祖——法演禪師之法嗣，俗姓駱，彭州（今四川境內）人。其祖上世代以儒為業。其兒時記憶力極好，日記千言，一日，克勤禪師偶遊妙寂寺，見到佛書，讀之再三，如獲舊物，悵然不已，謂同伴曰：「予殆過去沙門也。」於是便立志出家，依寺僧自省法師落髮，後又從文照法師學習講說，從敏行法師學習《首楞嚴經》，不知疲倦。一次，克勤得了重病，病得快要死了，痛苦不已。回想起平生所學，在病死到來之際，一點都幫不上忙，克勤感嘆道：「諸佛涅槃正路不在文句中，吾欲以聲求色見，宜其無以死

絕無人，或有之而非醇儒。」方平曰：「豈為無人？亦有過孟子者。」安石曰：「何人？」方平曰：「馬祖、汾陽、雪峯、巖頭、丹霞、雲門。」安石意未解。方平曰：「儒門淡薄，收拾不住，皆歸釋氏。」安石欣然歎服。」CBETA, T49, no. 2035, p. 415b20-25。儒家的道統自孟子之後，似乎沒有傳人了，流傳到北宋，才有「北宋五子」之尊，其餘者或寥寥無幾。而宋代尊重禪師，更將禪師與孔孟並排，儒者表面都說是排佛抵老，但私底下皆好參禪問道，其學問文章亦融和了禪門之理，文人名仕「皆歸釋氏」亦非無道理。

〔註6〕《石門文字禪》卷1，釋達觀序，CBETA, J23, no. B135, p. 577a9-11。
〔註7〕克勤佛果禪師行誼，參見《五燈會元》卷19，CBETA, X80, no. 1565, p. 396a7 // Z 2B：11, p. 369d5 // R138, p. 738b5。

也，遂棄去！」〔註8〕於是病好之後，克勤禪師便放棄過去那種沉溺於文字知見的方法，離開妙寂寺，往參宗門大德。

克勤禪師首先來到黃檗真覺惟勝禪師座下。惟勝禪師乃黃龍慧南禪師之法嗣。一日，惟勝禪師剏臂出血，告訴克勤禪師道：「此曹溪一滴也。」克勤禪師一聽，驚詫不已，良久才說：「道固如是乎？」後克勤禪師便徒步出蜀，遍參禪德。他先後禮謁了玉泉皓、金鑾信、大溈仰、黃龍心、東林總等大德，都被他們視為法器。晦堂禪師曾告訴他說：「他日臨濟一派屬子矣。」

克勤禪師最後投五祖法演（？～1104）禪師座下。克勤禪師因為博通經教，加上參過不少禪門宿德，因此他有很重的辯經之風格。為了將克勤鍛練為一代法匠，法演禪師對克勤要求非常嚴格，決不徇一絲一毫的人情。凡克勤禪師所盡機用的表達，法演禪師皆不認可。

一日，克勤禪師入室請益，沒談上幾句，又與法演禪師爭辯起來。法演禪師很不高興，便說道：「是可以敵生死乎？他日涅槃堂孤燈獨照時自驗看！」克勤禪師被逼的無路可走，生大懊惱，居然出言不遜，抱怨法演禪師「強移換人」，然後忿然而去。法演認為克勤還不能了悟生死，面對無常時難免就要自受苦頭，當時的克勤尚未能知曉祖師的用意，頗有想要離去的心意。

法演禪師也不阻攔，只是說：「待你著一頓熱打時，方思量我在。」

克勤於是離開五祖，來到金山，不久便染上了嚴重的傷寒，身體困頓無力。克勤禪師試圖用平日所學，來應對眼前這場疾病，可是一點都不得力。這時，他才想起臨走時五祖法演禪師對他所說的話，於是心中發誓道：「我病稍微好一點，即回歸五祖。」克勤禪師病癒後，果然重新回到了五祖。法演禪師一見，非常高興，於是令他入住侍者寮。

半個月之後，適逢部使者陳氏解印還蜀，前來五祖禮謁問道。法演禪師道：「提刑少年，曾讀小豔詩否？有兩句頗相近：『頻呼小玉元無事，只要檀郎認得聲』。」部使者一聽，惘然莫測，唯應「喏喏」。本詩是指洞房花燭之夜的新娘子，也不能大聲呼叫自己的夫婿。只能枯坐洞房、等待夫婿的新嫁娘，自不免愁惱之情。她只能頻頻使喚貼身丫環小玉拿茶倒水的，無非是要引起丈夫的注意，讓他知道自己正在房中等待。歷代的祖師就像這位用心良苦的新娘子，而眾生就是那位感覺遲鈍的檀郎。祖師們的語錄公案、諸佛的教示言說，就是

〔註8〕《五燈會元》卷19，CBETA, X80, no. 1565, p. 396a10-12 // Z 2B：11, p. 369d8-10 // R138, p. 738b8-10。

那頻呼小玉的弦外之聲。法演引用這首艷詩，自有其深意。提刑聽了，心不解意不會，口中頻頻稱諾地回去了。此詩意謂悟道如熱戀中的情事，只能自證自知，旁人是無法知道箇中滋味。悟境言語道斷，不立文字，好比少年的風流韻事，如人飲水，只許自知。

當時，克勤正侍立於側，聽到這兩句詩，恍然有省。部使者走後，克勤禪師問法演禪師：「聞和尚舉小艷詩，提刑會否？」法演禪師道：「他只認得聲。」克勤問道：「只要檀郎認得聲，他既認得聲，為甚麼卻不是？」法演禪師抓住這時機大喝道：「如何是祖師西來意？庭前柏樹子？」

克勤禪師忽然大悟，連忙走出丈室，這時正好看見一隻雞飛上欄桿，鼓翅而鳴。克勤禪師自言自語道：「此豈不是聲？」於是克勤禪師便袖裡籠著香，重新入丈室，向法演禪師報告他剛才所得，呈偈曰：

> 金鴨香銷錦繡幃，笙歌叢裡醉扶歸。
>
> 少年一段風流事，只許佳人獨自知。

法演禪師一聽，知道他已經徹悟，非常高興，說道：「佛祖大事，非小根劣器所能造詣，吾助汝喜。」法演禪師於是遍告山中修行的大德們說：「我侍者參得禪也。」即是稱許克勤佛果禪師已經開悟矣。在禪師中，像圜悟克勤這樣通艷詩而開悟者也許不少，有些禪偈甚至可以直接拿來當情詩欣賞，檀郎代表著芸芸眾生，只有聽到呼喚小玉的聲聲，才知道有佛的呼喚的聲音，在充滿人世迷醉樂聲中回去與佛相會，這樣的風流韻事，旁人是無法瞭解的，只有佳人和檀郎才深知其中的奧妙。

克勤用男女私情之隱密來比喻師徒的心心相印，這在禪宗也成了一段著名的公案。隱微妙趣之處是每個人都能從生活的各種角度來悟入，人只要專注在參禪之上。本節則將克勤禪師的禪理歸納為照看腳下、以禪論華嚴、參問專一之道等。

二、《碧巖集》的成書背景〔註9〕

入宋以來，禪門走向了「不立文字」的反面，大量的語錄、燈錄和對公案

〔註9〕吳平說：「《碧巖集》又名《碧巖錄》，但《碧巖集》最原始也是自宋代以來最流行的稱呼。至於以《碧巖錄》代《碧巖集》，應當是出自《大藏經》中《佛果圜悟禪師碧巖錄》的序言標題字樣。但遍查《碧巖集》的序跋及宋、元、明禪宗各家的記載，均稱此書為《碧巖集》。因此以《碧巖集》一名應該較《碧巖錄》更為確切。」《新譯碧巖集》上（台北：三民書局，2005年），導讀頁1。

的拈頌評唱，也標識著禪學文字化和「文字禪」的盛行。《叢林盛事》云：「本朝士大夫與當代尊宿撰語錄序。語句斬絕者。無出山谷‧無為‧無盡三大老。」〔註10〕宋代的黃庭堅、楊傑、張商英三人，但也不僅此三人，宋代著名的禪師大都有《語錄》傳後，還有各家語錄的匯編本，如《古尊宿語錄》四十八卷載錄了南岳懷讓以下馬祖、百丈、黃蘗、臨濟等四十餘家語錄，多為《景德傳燈錄》所未載者，故研究唐宋禪風思想頗有價值。又如《景德傳燈錄》三十卷、《天聖廣燈錄》三十卷、《建中靖國續燈錄》三十卷、《聯燈會要》三十卷、《嘉泰普燈錄》三十卷、《五燈會元》二十卷等等。又宋代的僧傳有「集傳」和「別傳」兩種，「別傳」是禪師的各別傳記，採取墓誌銘、年譜、碑、銘之形式；「集傳」指的是各種燈錄，這種大部頭禪籍的編纂，也十分的盛行。

因為古則公案中祖師們的機鋒語意深奧，對於想瞭解公案的人來說，不容易看懂，於是有禪師利用各種方式進行詮釋、考證及闡發義理的工作，而有代別、頌古、拈古、評唱著作產生，如汾陽善昭（947～1024）《公案代別》一百則、《先賢一百則》，而雪竇重顯（980～1052）的《頌古百則》更是將頌古風氣推向高峰。此外，禪林中更盛行許多禪宗文獻的編纂，種類包含僧傳、古則、語錄、詩文集、宗派圖、各種清規和編年體佛教史等等。〔註11〕

圜悟克勤禪師，悟門深精，說法辯博，縱橫無礙，聽者往往感動而至於泣下者。然而時風所尚，禪門對公案的重視，與文字禪的流行，成為宋代禪宗的特色。然而開始引用文字，卻漸漸捨本而逐末。參禪者專尚章句言說，作為口舌之手段，因此將心思放在探究文句的表面意義，不再從實修實證悟入。於是克勤說：「近時學道之士，不道他不用工夫，多只是記憶公案論量古今持擇言句，打葛藤學路布，幾時得休歇。」〔註12〕在文字上鑽研，而遺忘一位僧侶應做的本分。

實際教學上，禪師們使用文字，是為撥正學人的缺失，指出入門參禪的方法，或是檢驗學人的工夫進境，克勤禪師云：「古人云：承言須會宗，勿自立規矩，如今人只管撞將去便了，得則得，爭奈顢頇儱侗。」〔註13〕這裡的「言」

〔註10〕宋‧道融著：《叢林盛事》卷2，CBETA, X86, no. 1611, pp. 700c24-701a1 // Z 2B：21, p. 42b4-5 // R148, p. 83b4-5。

〔註11〕高雄義堅：〈宋代禪宗的特點〉，《香港佛教》343期，頁16。

〔註12〕《佛果克勤禪師心要》卷1，CBETA, X69, no. 1357, p. 461c1-3 // Z 2：25, p. 358b7-9 // R120, p. 715b7-9。

〔註13〕《佛果圜悟禪師碧巖錄》卷3，CBETA, T48, no. 2003, p. 166a4-6。

指的是語言、教法，從師教之中要能體悟禪，參禪一事不在言句的咀嚼，但是禪師可以依據它來勘驗學人，只要學人一開口，禪師便可根據他的語言知曉其程度，並瞭解其不明之處，加以教導糾正。對克勤而言參禪都是自己的本來清淨的自性，文字本身沒有任何功德，參禪必須要親自實踐，用生命去體貼，才能有證悟解脫的可能。

　　如此看，克勤並沒有否定文字，只是將文字當作一種方便，證悟的禪師運用文字作為指涉真理的工具，如果沒有古今言教、公案及祖師們的開示，則後來的學人便失去修學的方法與目的。

　　勤晚年返蜀，仍然住持在昭覺寺。他將雲門僧人雪竇《頌古百則》加以發揮、評唱，後由其門人編成《碧巖集》十卷，成為禪學名著，有「宗門第一書」的美譽，也是臨濟宗的主要經典。〔註14〕他自己說：

　　　雪竇頌一百則公案，一則則焚香拈出，所以大行於世。他更會文章
　　　透得公案，盤礡得熟，方可下筆。何故如此？龍蛇易辨，衲子難瞞。

〔註15〕

雪竇是雲門宗的法孫，故其禪風有著雲門宗「涵蓋截流」的色彩〔註16〕。《碧巖集》根據「頌古百則」來評唱，也是對重顯之本十分重視。因而他在每一則公案和偈頌會前面加一段提綱式的示眾，隨後在公案和偈頌的每一句下面批下短小精悍的潢語，然後分別在公案和偈頌後面加上評唱，成為首尾完全的相應的小文章，對於參禪者的啟發上有著莫大的作用。

　　就文字療育上來看，其曰：「他更會文章透得公案」，他是開悟的禪師，他又把每則公案加上了自己的禪意，而遂使得禪與文之間加深了意義關係，而這樣的意義進而可開發出療癒的面向，讓與意義的連結這事成為一種無限的可能性，能存在敞開面向命運與自由，正如存在哲人—布伯所說：「**自由與命運**

〔註14〕洪修平說：「《碧巖集》的出現標誌著禪宗的發展『注釋』公案語錄的新階段，『文字禪』由此而發展到了頂峰。」氏著：《中國禪學思想史》（台北：文津出版，1994 年），頁 290-291。

〔註15〕《佛果圜悟禪師碧巖錄》卷 1，CBETA, T48, no. 2003, p. 144b16-19。

〔註16〕雲門的禪風包括在三句話中：「涵蓋乾坤」、「截斷眾流」、「隨波逐浪」等，《雪竇頌古百則》為禪林所推重，其旨意不出「涵蓋、截流」等精神，而其用典行文，大都有所依據，以吟詩作賦一般，表達禪意，其善於選詞用典，進一步提高了頌古的文學性，也彰顯了雲門一宗的特色。而克勤承用了重顯的本子，又添上自己的風采，亦可知本書融合了雲門、臨濟等禪風。參考吳平：《新譯碧巖集》上（台北：三民書局，2005 年），導讀頁 5。

在意義中融為一體，嚴峻目光在意義中金輝流溢，燦爛若神恩。」〔註17〕自由是一種療癒的精神，人能開發出自由的意義，自然可以掌握到療癒之道，於是克勤在大環境中也為禪門開出了另類的療癒之路，而開發成為一種類似詩的療癒。

頌古乃是「繞路說禪」的形式，體現了禪「不說破」的原則，又進一步使禪師與參禪者之間的聯結。誠如克勤所言：「據令全提，且道如何展演？域中日月縱橫掛，一亙晴空萬古春。」〔註18〕這「晴空萬古春」沒有功夫的人是看不出來的，平常人是無法使文章透得公案的，後人若要模仿更可能畫虎不成，故雖然克勤始終反對追逐語言的意義，但他也因為語言的意義而成就不朽。

克勤對《碧巖集》「重下注腳」〔註19〕，使得禪理透過文字的表達更加清楚，他的用心正如後人對他的評述：「圓悟禪師，評唱雪竇和尚頌古一百則，剖決玄微，抉剔幽邃，顯列祖之機用，開後學之心源。況妙智虛凝，神機默運，晶旭輝而玄局洞照，圓蟾升而幽室朗明，豈淺識而能致極哉。」〔註20〕又《禪林寶訓》云：「圓悟又出己意，離之為碧巖集，彼時邁古淳全之士，如寧道者，死心靈源，佛鑒諸老，皆莫能迴其說。於是新進後生，珍重其語，朝誦暮習，謂之至學。」〔註21〕可知《碧巖集》的出現深深影響了禪門的教風，受到當時禪僧與士大夫的歡迎。

然而禪門中也有些人擔心「學人泥顧言句」，進而對《碧巖集》加以反對，其代表人物就是他的大弟子大慧宗杲。《佛果圓悟禪師碧巖錄》後序云：「大慧禪師，因學人入室，下語頗異，疑之縷勘而邪鋒自挫，再鞠而納欸。自降曰：我碧巖集中記來，實非有悟，因慮其後不明根本，專尚語言以圖口捷，由是火之以救斯弊也。」〔註22〕大慧因為有人讀了《碧巖集》的話來與他酬對，他竟然一時口訥，後來知道對方是讀了《碧巖集》的關係，他竟然將《碧巖集》的

〔註17〕布伯：《我與你》（苗栗：桂冠出版，2011年），頁43。作者馬丁・布伯（Martin Buber, 1878～1965），奧地利—猶太人哲學家、翻譯家、教育家，他的研究集中於宗教有神論、人際關係和團體，為存在主義哲學家。

〔註18〕《圓悟佛果禪師語錄》卷1，CBETA, T47, no. 1997, p. 717b1-3。

〔註19〕《佛果圓悟禪師碧巖錄》卷10：「雪竇頌古百則，圓悟重下注腳，單示叢林，永垂宗旨經也。」CBETA, T48, no. 2003, p. 224b20-21。

〔註20〕《佛果圓悟禪師碧巖錄》卷10，CBETA, T48, no. 2003, p. 224c17-20。

〔註21〕宋・淨善：《禪林寶訓》CBETA, T48, no. 2022, p. 1036b23-26。

〔註22〕《佛果圓悟禪師碧巖錄》卷10，CBETA, T48, no. 2003, p. 224c21-24。

書版給燒了，因此《碧巖集》一書在中國消失了二百多年，直元初有人將其復刊流傳。

　　如《佛果圜悟禪師碧巖錄》序言：「爾來二百餘年，嵋中張明遠，復鏤梓，以壽其傳。」〔註23〕由於《碧巖集》的功過，自問世以來僧人、學者已有不少筆論，本章不加贅述。就另一面來觀察，即使大慧在南宋時焚燬了《碧巖集》的刻版，在一定程度上雖然限制了這本書的流傳，但禪學文字化的趨勢並沒有停止，如元代有林泉從倫評唱投子義青的頌古而成的《空谷集》，萬松行秀評唱天童正覺的頌古而成的《從容集》等，這些書與《碧巖集》都是屬於文字禪的類型，而且到了元代《碧巖集》又被重刊，這些著作的流行，都反應了入宋以來「不立文字」的禪宗，已逐漸走向文字入禪的傾向。

三、《碧巖集》的內容及體例

　　《碧巖集》經過克勤的潤飾、下注之後，成為禪門的定門教本，緊密聯繫禪門的基本理論，把公案、頌古和佛教經論教義結合起來，成為解釋公案和頌古奠定了堅實的基礎。而《碧巖集》也創立一種禪教合一的新體裁，他將每則公案和頌古的解釋都分成六個單元〔註24〕：

（一）垂示

　　《碧巖集》將此單元置於公案之前，大抵有概括公案主旨和引入公案內容的意思，有類似現代論中的「摘要」的意味。如云：

> 垂示云：隔山見煙，早知是火，隔牆見角，便知是牛。舉一明三。
> 目機銖兩，是衲僧家尋常茶飯。至於截斷眾流，東湧西沒，逆順縱
> 橫，與奪自在。正當恁麼時，且道，是什麼人行履處，看取雪竇葛
> 藤。〔註25〕

克勤在「示眾」中比較含蓄地點明，本則頌公案的主旨，告示參禪者不是要在言語下功夫，而是要啟發自性，自覺自悟，因為禪不是理性思維來推論，也不能用語言文字來描述。然而禪也不是神秘主義，但也因為神秘，讓人提起願始的熱力想去探究，克勤試圖化解這樣的認知，他標榜直接掌握心靈，而趨入佛境。

〔註23〕《佛果圜悟禪師碧巖錄》，CBETA, T48, no. 2003, p. 139c27-28。
〔註24〕這六個單元，於《碧巖集》中並非每一則都很完整，本文舉第一例，則包括了這六個單元。
〔註25〕《佛果圜悟禪師碧巖錄》卷1，CBETA, T48, no. 2003, p. 140a12-16。

（二）公案

《碧巖集》的公案是依雪竇重顯從一千七百則公案中選出最典型的一百則，其中也是寓意最深者，供學人參究。其形式上也有多樣，有俗言口語、也有典雅文言，有的是稱讚之語、有的是冷嘲熱諷，有的從正面講，帶有點評的意味，也有不少是反語，其中有謾罵、有拱揄、也譏諷，很難從字面上作出確切的解釋，其中帶有克勤禪學的精妙。如云：

> 舉梁武帝問達磨大師（說這不唧𠺕漢）：如何是聖諦第一義（是甚繫
> 驢橛）？磨云：「廓然無聖（將謂多少奇特，箭過新羅，可煞明白）」
> 帝曰：「對朕者誰（滿面慚惶，強惺惺果然，摸索不著）？」磨云：
> 「不識（咄！再來不直半文錢）！」帝不契（可惜許，却較些子），
> 達磨遂渡江至魏（這野狐精，不免一場懡㦬，從西過東，從東過西）。
> 帝後舉問志公（貧兒思舊債，傍人有眼）志公云：「陛下還識此人否
> （和志公趕出國始得。好與三十棒。達磨來也）？」帝云：「不識（却
> 是武帝承當得達磨公案）！」志公云：「此是觀音大士，傳佛心印（胡
> 亂指注，臂膊不向外曲）。」帝悔，遂遣使去請（果然把不住，向道
> 不唧𠺕）志公云：「莫道陛下發使去取（東家人死。西家人助哀，也
> 好一時趕出國），闔國人去，他亦不回（志公也好與三十棒，不知腳
> 跟下放大光明）。」〔註26〕

雪竇的原文之下的括號，是克勤批注的「著語」，相當於夾注夾批。這些著語較為簡短，少則幾個字，多則十幾個字，甚至有時只有一個字。直看其著語實在不易回答清楚，也很難理解，只能說是以「非分別說」來說的話。

（三）拈古

拈古與頌古相聯，一般認為拈古始自雲門，拈古的原則與頌古一樣，通過含蓄的語言讓人去體悟言外之音。評唱是放在公案之後，對公案內容加以闡釋評論。通過反覆地評唱，使整體的解說、鑑賞、提示等，公案要旨就被揭示出來，而不可言說的禪理禪意憑著語言文字表述地更加清晰了。如云：

> 達磨遙觀此土有大乘根器，遂泛海得得而來，單傳心印，開示迷塗。
> 不立文字，直指人心，見性成佛。若恁麼見得，便有自由分。不隨
> 一切語言轉，脫體現成，便能於後頭，與武帝對譚，并二祖安心處，

〔註26〕《佛果圜悟禪師碧巖錄》卷1，CBETA, T48, no. 2003, p. 140a17-27。

自然見得。無計較情塵，一刀截斷，洒洒落落，何必更分是分非，

辨得辨失……〔註27〕

即拈出一段古人的公案來說明，對於公案的大意加以判示，宋代文化中詩與禪相似性的認知息息相關。此時，禪人好寫偈、參偈、悟偈，語言的重要性取代棒、喝等教導方式，躍昇為禪人主要的傳道、教學工具，開啟了宋代禪人拈古、頌古的風氣。在拈古中最有代表性的是克勤對重顯的評唱而成的《碧巖集》

（四）頌古、著語

　　頌古即是以古德公案、話頭為基礎，因各人的詮釋視角的差異而評頌出別意，這種對公案的再解釋因人而異，其理解也就可以無限地創造下去。宋代頌古的著作有汾陽善昭、弘智正覺、雪竇重顯、投子義青和丹霞子淳等，其中以雲門宗的僧人雪竇重顯最為突出。他以雲門宗想為基礎作《頌古百則》，他追求詞藻華麗，用偈頌的形式來曲折地表達深刻的含意，把頌古這一形式推向成熟頂峰，對當時禪風影響很大，如《禪林寶訓》云：「天禧間，雪竇以辯博之才，美意變弄求新琢巧，繼汾陽為頌古，籠絡當世學者，宗風由此一變矣，逮宣政間。」〔註28〕頌古必須先拈古，拈古之方有頌古，又著拈頌的發展，又出現了對頌古再進行注解。如云：

聖諦廓然（箭過新羅，咦！）何當辨的（過也，有什麼難辨？）對朕者誰（再來不直半文錢，又恁麼去也！）還云不識（三个四个中也，咄！）因茲暗渡江（穿人鼻孔不得，却被別人穿，蒼天蒼天，好不大丈夫。）豈免生荊棘（脚跟下已深數丈）闔國人追不再來（兩重公案，用追作麼？在什麼處？大丈夫志氣何在？）千古萬古空相憶（換手搥胸，望空啟告。）休相憶（道什麼？向鬼窟裏作活計。）清風匝地有何極（果然，大小雪竇向草裏輥。）師顧視左右云，這裏還有祖師麼（爾待番款那？猶作這去就。）自云：有（塌薩阿勞）喚來與老僧洗脚（更與三十棒趕出，也未為分外，作這去就，猶較些子。）。〔註29〕

拈出雪竇的公案，再予以頌古一番，為霖道霈禪師說：「古公案無頌，頌自汾

〔註27〕《佛果圜悟禪師碧巖錄》卷1，CBETA, T48, no. 2003, p.140a28-b6。本文的評唱甚長，這裡僅摘引前一段。

〔註28〕《禪林寶訓》卷4，CBETA, T48, no. 2022, p. 1036b20-22。

〔註29〕《佛果圜悟禪師碧巖錄》卷1，CBETA, T48, no. 2003, p. 141a2-10。

陽始，陽之後雪竇繼之，號稱頌古之聖。嗣是諸家皆有頌，洞上頌名最著者三人，投子青、丹霞淳、天童覺是已。頌無評，評自圓悟始，悟之後，萬松林泉繼之，悟評雪竇，松評天童，林泉評丹霞與投子，是已，後人合之，目為四家頌古。」〔註30〕宋代禪師如圓悟、惠洪等，對於以文字提點、解釋公案來啟發後代學人，表現極為肯定的態度，同時，他們也意識到刪汰揀擇典範性公案，能使學人參學路徑更為系統性和方便。

（五）評唱

評唱是將頌古的內容再加以評論唱頌，如第一則云：「且據雪竇頌此公案，一似善舞太阿劍相似，向虛空中盤礴，自然不犯鋒鋩。若是無這般手段，纔拈著便見傷鋒犯手……雪竇於他初句下，著這一句，不妨奇特。且道，畢竟作麼生辨的，直饒鐵眼銅睛，也摸索不著。到這裏，以情識卜度得麼。」〔註31〕這裡的評唱正是強調「不立文字」的精神，即要有開悟禪師的能耐，才能把太阿劍揮使，如果不是開悟者，也無法以情識則度禪的精神。

用文字來說明不立文字的禪，正是迂迴之路，如克勤所云：「**大凡頌古只是繞路說禪。拈古大綱據欵結案而已。**」〔註32〕雪竇工於文字，其頌古文采遠遠超過汾陽。在克勤加以評唱之前，克勤的老師五祖法演，及法演之師白雲守端（1025～1072）均曾讀過雪竇之頌古。祖孫三代傳習此書，由此可知當時禪宗之教學內容的部分實態。頌古之題材及內容構成一個新的、自成天地的學問領域。克勤一方面對雪竇之頌古予以評唱，一方面也自作拈古、頌古，自宋以來歷代均有人從事於此，公案之於禪門與參禪可說幾成一體。《碧巖集》中有的公案於評唱後，最末又有一小段「垂示」，是整個公案評唱結束前，再指示一些機要，做為結語。如云：

> 乾坤窄，日月星辰一時黑，直饒棒如雨點，喝似雷奔，也未當得向
> 上宗乘中事。設使三世諸佛，只可自知，歷代祖師全提不起，一大
> 藏教詮注不及，明眼衲僧自救不了。到這裏，作麼生請益，道箇佛
> 字，拖泥帶水。道箇禪字，滿面慚惶。久參上士不待言之，後學初
> 機直須究取。〔註33〕

〔註30〕為霖道霈：《餐香錄》卷2：CBETA, X72, no. 1439, p. 626b7-11 // Z 2：30, p. 442c11-15 // R125, p. 884a11-15。

〔註31〕《佛果圜悟禪師碧巖錄》卷1，CBETA, T48, no. 2003, p. 141a11-20。

〔註32〕《佛果圜悟禪師碧巖錄》卷1，CBETA, T48, no. 2003, p. 141a15-16。

〔註33〕《佛果圜悟禪師碧巖錄》卷1，CBETA, T48, no. 2003, p. 141b20-26。

克勤的句中指出，其一直強調「直取」，乃著說明道與文字之關係，乃藉文取道，說明《碧巖集》一書如何經由活潑的語言文字展現第一義諦之內容。表面上雖與禪宗「不立文字」之宗旨有違，但從克勤的說法來看，其更深層之思惟，仍符合「不立文字」之要求。達摩以下被認為具有禪師特質的機緣語句，在宋代獲得最大程度之頌揚，禪林教學不可避免地圍繞著公案而展開。用「文字禪」形成宋代禪宗的面貌，宋代禪師偏好公案，並喜以語言文字加以解說，實為一種特殊的文化現象，學者鄧克銘說：「此是佛法或禪道在人間具體的歷史文化條件下之形態，只有抱持「人能弘道，非道弘人」之態度去面對，並將之導向正確的途徑。雪竇之頌古與圓悟之評唱在此方面都具有正當的認知，不僅是禪門實況的反映也是對禪道表現方式的反省。」〔註34〕，然其內藏的精神動向卻是教人用文不執文。

　　綜合上述《碧巖錄》對每一則公案之解說，大體上包括五個部分：（1）垂示，指出大綱。（2）公案，禪宗公案本身。（3）拈古，即對公案內容之解說，包括人與事之典故。（4）頌古著語，即對雪竇之頌古原文加上著語。（5）評唱，對頌古之說明。其中在本則與頌古部分，圓悟又另外穿插加入一些評語，一般稱之為「著語」，或一字、二字，或長十餘字不等；用語或文或白、或俗或雅、或褒或貶、或肯定或否定，或直敘或隱指，極盡變化多樣。因《碧巖集》原係圓悟之口談筆記，並非親筆著作，在流傳中發生版本不一情形，此部分已有相關研究，此處不再縷述。從內容以觀，雪竇博學多才，不僅遍參禪林老宿且通達世學，在一則則頌古中，以禪宗自由通透之精神，貫徹世及出世間。其所建立之世界可說是一自我充足飽滿的精神世界，禪宗教外別傳的特性在此得到一寬闊視域，而圓悟之評唱更擴大了禪的表現方式，與荒山古剎中老僧獨坐之景像迥然不同。

四、圓悟克勤禪師與《碧巖集》的影響

　　禪不是一固定之概念，其內涵及價值必須由人去體現。同樣地，在禪宗之領域，解脫或開悟也須由人自己去體會。從禪的目的而言，唐與宋乃至元明清、今日，都沒有改變，只有在不同時期因文化因素之影響而有不同的表達方式，應為自然之事。宋代禪師在公案上的學習與闡發，呈現異於唐代禪師之面貌，

〔註34〕　鄧克銘：〈禪宗公案之經典化的解釋──以《碧巖錄》為中心〉，國立臺灣大學文學院佛學研究中心學報，第八期（2003、7），頁133。

不能視為宋代禪師之反動。卻是應探討宋代在此方面所透顯出來的特殊成就。就公案作為公共的教學模式而言，禪宗之教與學之間有一更明顯的途徑可循，此點係今日探討禪宗公案之歷史意義時不能忽略的。

　　早期的頌古詩作，如汾陽善昭頌古百則，主要在點明公案之意義重點，以提醒學人，因此用語和表達方式多直接而樸實。後雪竇頌古方式，則充分掌握繞路說禪的原則，所運用的語彙、意象和禪門典故更加繁複，已相當具有修辭美感，使得公案解讀意蘊因而更多義而分歧，從而開啟後代禪人利用頌古多方開發公案意蘊的門徑。到了圓悟克勤，對於以文字提點、解釋公案來啟發教育並治療後代學人，表現極為肯定的態度，同時他們也意識到刪汰揀擇典範性公案，能使學人參學路徑更為系統性和方便。

　　圓悟克勤一生留下的作品甚多，如《碧巖集》一百則、《心要》二卷、《佛果擊節錄》二卷以及他的《語錄》二十卷，均頗為可觀。以文入禪為宋代禪宗普遍的風氣，《碧巖集》是這時代潮流上又添加一巨著，雖然克勤本身一再強調禪不在文字語言中，也反對時人記憶公案，但是克勤評唱公案頌古的作法，的確對後來的禪宗產生很大的影響，並影響了克勤的歷史評價，然而卻較少注意克勤對文字禪的真正見解。學者潘桂明認為《碧巖集》是克勤在不立文字的「幌子」下，從事大立文字的工作，故言：「《碧巖集》的誕生，完成了禪公案語句的規範化、定型化，從而禪也就喪失了它的活力，禪的活潑的生命力在文字語言的規範下，被扼殺了」。〔註35〕杜繼文、魏道儒等學者，以《碧巖集》在認識論、方法論上，為一元化的思想，它簡化複雜和多變的現實，導向主觀、片面、僵化的特質。時禪弊有如是，以致遠古至純之宗風，至掃地而滅。雪竇重顯、圓悟克勤等之唱道，都有扇其毒炎之罪。

　　以上對於圓悟以來的作法，是罪非罪各有論述，依藍吉富對《碧巖錄》一書的觀察，至少有下列四種功能：

　　　（一）直接或間接幫助參禪者進入悟境：這一點雖然是大慧所反對的，但卻是圓悟克勤的本意，否則他開講、評唱這些公案，又有何意義？此外，後代人也稱之為「宗門第一書」，可見大慧的否定本書，並未成為定論。

　　　（二）幫助學人（不一定是參禪者）理解看話禪是什麼？後世之知識分子想理解看話禪的特質，透過這部書可以得其大略。這

[註35] 潘桂明：《中國禪宗思想歷程》（北京：今日中國出版，1992年），頁484。

是知性的理解（也是人類求知的權利），不是求開悟。就像現代學術界在研究宋代禪宗思想史時，這部書便是不可或缺的史料或典籍。

（三）《碧巖錄》提供一種「公案評唱式的特殊文體」：就文學史角度來看，這種文體可以列入中國文學史之中，成為一種新的文學內容，使漢傳文學更為多樣、多元。

（四）是後人開發人類靈性的參考資料：《碧巖錄》的原始目標是助人開悟，這與現代人從事靈性的開啟，方向是類似的。雖然現代的靈性開發者，不一定是佛教徒，但是《碧巖集》書中的內涵與方法，對非佛教徒仍然有參考價值。〔註36〕

學者藍吉富列出以上四點，可以知道《碧巖錄》不只是禪宗內部的「宗門第一書」，而且可以視之為全人類的共同文化遺產，是天下公器，大慧焚燒書板，使該書因此而銷聲匿跡百餘年，如果不是張明遠再度印行，後人恐怕無緣得讀這部書。因此，大慧想到燬滅華人共有的文化遺產的舉措，是讓人感覺痛心。大慧當然可以堅持自己的信仰，他或許也可以禁止他的弟子閱讀《碧巖錄》，但是他絕對不能剝奪其他人閱讀公案的權利，否則與秦始皇的「焚書」何異？

《碧巖集》一書始得文字禪的風行更是無以復加，對於禪宗發展之利弊，歷代禪師或研究者多有討論，正如克勤所言：「只是遶路說禪」。這「只是」一語，已隱然可見其對頌古的看法，往往視為違反禪宗不立文字原則的一種智性活動堆積。善昭、雪竇之後頌古之風大盛，末流者往往流於追求新奇，使頌古風格由簡勁一變而為浮華冗漫，萬菴云：「由是互相訓唱顯微闡幽，或抑或揚佐佑法化，語言無味如煮木札羹炊鐵釘飯，與後輩咬嚼目為拈古。其頌始自汾陽，暨雪竇宏其音、顯其旨，汪洋乎不可涯。後之作者馳騁雪竇而為之，不顧道德之奚若，務以文彩煥爛相鮮為美，使後生晚進不克見古人渾淳大全之旨。」〔註37〕若一位開悟的禪師，而且善於接引學人，重望於禪林，但是卻有無明的脾氣，正如佛弟子有叫人「小婢」者，雖是成就阿羅漢斷盡內心的貪瞋痴等煩惱，但是如果長久以來的慣習猶在，則表現出來的身口二業，就容易讓外人覺

〔註36〕藍吉富：〈大慧宗杲焚燒《碧巖錄》事件的歷史評述——佛教倫理與世俗倫理的對立及其消解〉《禪宗全書》42 冊，（台北：文殊出版社，1989 年），頁 487。

〔註37〕《禪林寶訓》卷 3，CBETA, T48, no. 2022, p. 1033c19-25。

得其人修行似乎有所不足。如果其行徑已經違背世俗倫理、或傷及他人,則世人亦有出來指責,學者當然可以有所批判。

由來學人看公案時執著在文字相、心意相,妄心而卜度臆測,或計較一天讀背多少字句,以馳騁辯才,克勤的評唱,是為了劍去舟刻、兔逸樹存的人,予以掃蕩,以建立對公案的正確態度。然新進後生看《碧巖集》,仍然只有看見文字,忘卻克勤評唱的本來面目,這也是禪門衰弱的現象吧!如克勤所言:「識得時,是醍醐上味。若識不得,反為毒藥也。」〔註38〕公案文字是醍醐、還是毒藥?不在評唱文字本身,而是參學的人,參禪有差別、證道有差別、用心有差別時,這都成了毒藥,也就成了病症之故。若參得禪,則所有公案文字,如自家底貼切,如自家底相似,方知公案與心不隔一絲毫,反之,若執指忘月、得荃忘兔、依文不依義,與佛不知蹉過幾百世,僵化公案語句,無法窺見《碧巖集》的禪義。

綜合上述,宋以來禪宗發展出新的視野,除了許多禪籍文獻的編纂之外,更開啟居士佛教的弘化路線,使得教化風格傾向文字的重視與宣揚。克勤評唱頌古和拈古,就形式上,也是屬於文字禪的範圍,就內容上,卻能超越文字所限,直指向上一路、非文字能詮的境地。洪修平說:「宋代以後,中國禪學思想的發展趨於衰微。雖然禪宗在整個元明清時期始終傳承不斷,且是佛教各宗派中最盛行的一個宗派,但思想上卻幾乎沒有什麼新發展,只是加強了與其他佛教宗哀以及傳統思想文化的融合。」〔註39〕所幸,台灣在佛光山承傳了臨濟法脈,有光大佛門的展望,而星雲大師的禪學著作也流傳各地,今日佛教進入二十一世紀後,印刷便利,出版的書籍更是包羅萬象,廣含注釋、校刊、翻譯、小品文、小說、傳記、詩畫,及其他各類研究等範疇。〔註40〕在作品與資訊發達的現代,圓悟克勤禪師的《碧巖集》對文字形相的發明與見解,及其反對徒具誦經的形式,均能給現代佛教徒修行生活上一些重要的啟發。

第二節 文字禪與「接受性」療癒

禪師的詩偈不同於一般認知的語言,而是經由「非分別說」之後的語言,「邏輯」根本不會讓事情變成真理,只是看起來像是真理。如牟宗三認為:「『分

〔註38〕《佛果圓悟禪師碧巖錄》卷7,CBETA, T48, no. 2003, p. 194b11-12。
〔註39〕洪修平:《中國禪學思想史》,頁303。
〔註40〕台灣的臨濟宗以星雲大師為代表之闡述。

別說』是西方形上學的特質，而『非分別說』乃中國形上學的特質。」〔註41〕事實上真理不需要人去相信或推理，人的否定也不會影響真理，因為真理就是真理，不管相信或不相信。禪師就是要人學會如何不把焦點放在對立面，學會如何回歸空，讓它們不那麼對立，讓它們更流動，讓它們符合自然，這樣人們就可以在內在獲得整全，以此整全而看清一切實相。「非分別說」的方式把微義、意境呈現出來，即表示這些道理、意境，不是用概念或分析可以講的，用概念分析講，只是一個線索，一個引路。如洞山講「麻三斤」時，用的就是非分別說，他並未正面地告訴我們什麼是「麻三斤」？他只是暗示，他是不用邏輯；又克勤說：「直須待桶底子脫」〔註42〕時也是如此，禪師所用的話語所呈現的大多屬於「非分別說」。人若執取文字，文字會成為見道的障礙，不能見如來，不能見本來清淨的自性。參禪者對文字的態度，要將所有名相回歸自己，一切皆從自己本心去體貼。

　　文字禪是以禪偈或以案來表達其意境，意境的呈現可以使參禪者掌握心境，從而化解自我的執著，這是一種詩歌療法的方式。如詩歌療法中以「接受性」（指定性）的方式，乃是當事人接受治療師的引導或指定閱讀某詩歌時，是因為治療者認為這首詩能帶給患者提供某種療效，故稱為「指定性」治療。或是讀者自賞析詩文時，接受了詩中的意義，自行感悟而有了新的心情，這心情通常是正向的，故可稱為「接受性」療法，對比於「指定性」，而禪師正是以心理師為立場。本文則採「接受性」面向為療癒原則，以參禪者在禪偈之中品味時，其心理過程可以表現為三種階段：1. 語言訊息的接收、2. 意象的顯現、3. 深層意蘊的探求等〔註43〕，其中語言（文字）的接受是基礎，接收到接受，才可以轉到意象的生起，而意象的再造是橋樑，這橋是通到更進一步的「觀」，這種觀就是深層意蘊的探求，它也是文字禪可以讓人「開悟」的關鍵。本文圓悟禪師所指向「接受性」面向，來做為療癒的對話。

一、訊息的接收

　　養成參看公案、思索公案或聽聞公案的習慣，把公案當成禪師的指引，每

〔註41〕　牟宗三：《中國哲學十九講》（台北：臺灣學生局，2002 年 8 月），頁 346～347。
〔註42〕　《佛果克勤禪師心要》卷 3，CBETA, X69, no. 1357, p. 480a7 // Z 2：25, p. 376c13 // R120, p. 752a13。
〔註43〕　吳恩敬：《詩歌鑑賞心理》（台北：揚智文化，2005 年），頁 113。這裡的論述筆者融合了尼古拉斯與吳恩敬兩位學者的理論。

日隨時將心情歸位，放空一段時間，靜心來接受公案文字的洗禮。公案一如詩句般，將某些人事物過程，濃縮成一首詩，這是需要把自己的理解、用心、契理地將禪境形式予以「物化」〔註44〕，再用語言符號表達出來。讀者閱讀時則是倒過，先是接受的是語言符號，再以物化的形式來探索禪者的內在思想與視野。這正如劉勰所云：「夫綴文者情動而辭發，觀文者披文以入情，沿波討源，雖幽必顯。世遠莫見其面，覘文輒見其心。」〔註45〕又云：「詩者，持也，持人情性；三百之蔽，義歸『無邪』，持之為訓，有符焉爾。」〔註46〕克勤禪師為了教眾，持人情性，將頌古之詩，予以評唱，可以推知其為了領眾走入無邪，從說而讓人了解禪師的內在世界是無比的寬廣。

　　文字禪中開出了另一種閱讀介面，即頌古、評唱等方式，即以詩歌的手法，讓人更簡捷地進入禪的世界。公案就如說「真理」的故事，將真理擺在人的面前，但這個真理只可體會，不可言傳，然而經過克勤的評唱，參禪更有個下手處。所以體會時也會因人的情況不同，而有不同的體悟，因而人們需要有禪師的指引，或公案的提點，才能掌握到真理的樣貌而獲得到療癒的契機。正如卡普樂禪師曾說：「要將一則公案參好，不但需要有大志，還要能夠集中精神。只有你的老師可以作此判斷。公案的性質亦有重要關係。作為一名禪師，在指定參究某則公案之前，通常要仔細考問那名學生，藉以查看那個公案對他是否最為恰當。而當你的修法是參公案時，你就必須與你的禪師保持密切的接觸，尤其在開始之初。」〔註47〕通禪師在接心期間指派公案，因為每日三次的獨參，可使參者對於所參的公案有一個紮實的開展，如《碧巖集》中舉行的公案評唱，對於參究公案的學者是很有幫助。如頌云：

　　　　凜凜孤風不自誇（猶自不知有，也是雲居羅漢）

　　　　端居寰海定龍蛇（也要別緇素，也要皂白分明）

〔註44〕物化——也就是客體化或對象化（objectification）——是人類生存的必要條件。瓦倫汀引伯格說：「把人類活動的產物理解成人類產物以外的東西，比如自然的事實、宇宙的定律的結果、上帝意志的表現。物化意謂著人忘記自己對人人世界的創作地位。」瓦倫汀：《實驗審美心理學——音樂、詩歌篇》（台北：商鼎出版，2000年），頁60。

〔註45〕劉勰〈知音〉《文心雕龍》參考「中國哲學書電子化計劃」網址：https://ctext.org/wenxin-diaolong/ming-shi/zh。

〔註46〕劉勰：〈明詩〉《文心雕龍》，參考「中國哲學書電子化計劃」。

〔註47〕卡普樂（Philip Kapieau）：《禪，西方的黎明》（台北：志文出版社，1990年），頁109。

大中天子曾輕觸（說什麼大中天子，任大也須從地起，更高爭奈有
天何？）

三度親遭弄爪牙（死蝦蟆多口作什麼？未為奇特，猶是小機巧。若
是大機大用現前，盡十方世界，乃至山河大地，盡在黃檗處乞命。）

〔註48〕

本案指引大中與黃檗的故事，主要點出黃檗的大機大用。人的根機也要有人去
啟動，否則世智辯聰，只是天生如此，離修行境界還差大截。如大中天子雖然
根機利巧，但在黃檗面前根本還沒有準備好，就在他認為自己很行，說禪師太
粗魯時，禪師一掌便打，反而打醒他的傲慢。正如克勤說：「若是大機大用現
前，盡十方世界，乃至山河大地，盡在黃檗處乞命。」正說明即使大中天子這
樣的小機巧，也要在大機巧的面前乞得生機，故後來的大中天子很頗生恨意則
黃檗為「麁行沙門」，所幸裴休相國有智慧，深知大機大用的智慧，天子小知
還要賜其「粗行」的法號，以為可以報一箭之仇，所幸讓宰相裴休給圓滿了此
事。〔註49〕

這裡語言接受訊息，應該從雪竇開始，當他聽到黃檗禪師的故事之後，他
創造性地寫成了一首詩，從詩中強調著黃檗禪師的開悟將狀態，其禪示可以為
後人所參看。再來就是克勤禪師，除了對雪竇的詩加批注之外，又評唱了雪竇
的詩，於是整個公案圍繞著黃檗的故事而轉動，透過克勤的推波助瀾，詩中的
意象更清晰可見，禪師透參者的心中引起各種意象而創造出同樣的情感狀態，
而這些意象則是與人的心有密切的聯繫，正如瓦倫汀對詩的品鑑所言：

在讀者自己的心靈中，可以獲得真正的體驗，可以引起類似的優勢
的情感，可以產生與詩歌所引起的心境相一致的意象，但這種心境
卻不一定是由詩歌所描寫的內容而引起的。〔註50〕

這裡說詩的心境，正好可以來注解禪悟的理由，因參禪的開悟，一定是在生活
之中具足了自然而然的天性之情，也就是習以為常的狀態，隨著克勤以禪偈、
評唱、公案等引導，在適當的時機而邁向開悟。這是指禪宗「無心」之「心」，

〔註48〕《佛果圜悟禪師碧巖錄》卷2，CBETA, T48, no. 2003, p. 152b1-4。

〔註49〕《佛果圜悟禪師碧巖錄》卷2：「大中後繼國位，賜黃檗為麁行沙門。裴相國
在朝，後奏賜斷際禪師。雪竇知他血脈出處，使用得巧，如今還有弄爪牙底
麼？」CBETA, T48, no. 2003, p. 152c10-13。

〔註50〕瓦倫汀：《實驗審美心理學——音樂、詩歌篇》（台北：商鼎出版，2000年），
頁198。

當我們習慣放下這顆自我心時，才能真正變得柔軟而無心，不會在別人多說你兩句，立刻就會武裝起來，變得有稜有角，不但無法心平氣和的溝通，還很容易受傷，這也是公案所帶出療療癒效果。因此柔軟心和佛法所說的「空」息息相關，唯有體會到自我和一切的事物，其本質都是「空」時，才能真敞開的禪境。

二、言語的暗示

　　詩歌的品味鑑賞是讓心靈在作品中闖蕩，而將公案做為悟道之由，也是讓禪論在詭雷中漫遊，結果可以出期不意的好，也可能糟糕透頂。意象這一個範疇並不是舶來品，而是由出口轉為內銷。李浩說：「**早在先秦時期意象的雛形就產生了。它是地地道道的國粹，古代文中的固有概念，經輸出西方並被現代派詩人發洩情感、恣意濫用之後，再次返回故國桑梓。**」〔註51〕乃說明詩的語言作用在古代即作為情感的發露。又在《易經、繫辭傳中》就有「書不盡言、言不盡意」的說法，當人的意思無法思維而致，也無法言語說出時，卻可以用意象來顯示。

　　這裡克勤禪師的文字禪用此公案來說明黃檗之意象，看到禪師一下子七縱八橫，一下子又像孤峯頂獨立，一下子又在鬧市裏橫身，即禪可以用不同的形象來對應不同的環境與人物，禪師不會固守一隅。如果固守一種形式，禪機也會越來越消失。古人道：「無翼飛天下，有名傳世間。」將內在的心的執守盡情捨卻，把所謂的道法一時放下，處處有道、時時有法，於是人就可以自然觸處現成。

　　人們運用語言文字的過程，是訊息的產生、傳導、接收和功工的過程，訊息需要依附一定的載體，這載體便是語言符號。吳恩敬說：「**符號代表著事物以及它們之間的關係，於是形『符號鏈』**」〔註52〕。這樣人們便可以把語言看成是由一系列的符號以及聯結這些符號的法則所構成的系統。符號鏈的運用，有「推論型」和「表現型」的方式。一、「推論型」是指把詩句排列成大家都能理解的樣式，透過這種樣式，人們可以反映出自己的各種各樣的知覺對象、概念以及其之間的聯繫。如大中續云：「溪澗豈能留得住，終歸大海作波濤。」就詩意而言，他的對句已有首尾一氣的神韻，也表達到某種心境，但他畢竟不

〔註51〕李浩：《唐詩美學精讀》（上海：復旦大學出版，2009年），頁13。
〔註52〕吳恩敬：《詩歌鑑賞心理》（台北：揚智文化，2005年），頁114。

得禪門要領，以致在黃檗無法領會禪，而徒增辯論。故對於推論型的形式用途有一定的限度，如果出現不能以推論方式顯示的經驗中的物象，就不能以推論方式來交流。二、「表現型」，是由前一種語言的成分構成的第一種語言，是一種更精練、更有活力的文字，它作用於生命，作用於生命跡象—心意，成為生命與真理的標誌。表現型的語言就是屬於禪的語言，其目的主要不在於告訴什麼事情，不是為了向參者說明某個事實或闡述某個道理，而是為了充分展示禪師的心靈世界。正如頌中出的黃檗禪師的生命型態，其心靈世界是那樣微妙，有大量的、可知的、能夠明確表現的意識與觀念，也有更大量的即時性的、無意識的、不能直覺把握內在渾沌。

　　由於人的內心深處，意識與無意識、理性與非理性、以及喜愛與憎惡、歡樂與憂愁、尊敬與輕視、希望與失望……等等情緒無常，猶如萬花筒一般瞬息萬變，成為一種模糊的、迅速嬗變而又無以名狀的心理體驗，用通常的實用性語言是難表達出來的。禪亦是如此，故說禪師創造了公案的語言，一種源於實用性語言，但又與之有明顯的不同，是更富於表現性的暗示。這是一種高度凝練、純淨、美學的語言，是一種富於象徵性、暗示性、跳躍性、具有多重含義的暗示，也是一種依賴於參者的解釋，因而不斷生成新義的語言。特別在克勤評唱時，其解釋是一種無解釋的解釋，他好像說了些什麼，但他更好像沒有說什麼。如云：「說什麼大中天子，任大也須從地起，更高爭奈有天何？」他所說的對不懂的人而言是相當的「陌生」，就像大中天子一般，需知禪的運用與日常語言不相符合的、破壞了標準的語言規範的用語、文字或語法，讓人產生陌生感，進而傳遞一種語言之外的情感，這種陌生化的主張，也正是參禪對在習慣軌道上形成的實用性語言，在不斷地突破下成為禪師的語言模式。又云：

> 這箇消息，一任七縱八橫，有時孤峯頂獨立，有時鬧市裏橫身，豈可僻守一隅。愈捨愈不歌，愈尋愈不見，愈擔荷愈沒溺。古人道：無翼飛天下，有名傳世間。盡情捨却佛法道理，玄妙奇特，一時放下，却較些子，自然觸處現成。

> 雪竇道：「端居寰海定龍蛇」。是龍是蛇？入門來便驗取，謂之定龍蛇眼擒虎兕機。禪月詩云：「孰云我輕薄，石頭如何喚作玉？熟云我是非，隨邪逐惡又爭得？」〔註53〕

〔註53〕《佛果圜悟禪師碧巖錄》卷2，CBETA, T48, no. 2003, p. 152b8-11。

當人能體認一種形而上的我，那是一種相對世界的心理學或倫理學的自我，誰能一下七縱八橫、一下子孤峰獨立？即是在那當下，充分覺醒，沒有可分對相，而歷孤明者。認識這個人是一切諸佛之源，是從道者於一切處所的庇講者，祂是自然現場，到處存在。

認清禪的目標乃是要讓人「心開悟解」，因此，若要達到這個境地「必須在心眼之前先前舉起一則公案，但既不得思惟卜度，更不可存心等悟，只可用公案作為一種跳桿，越過相對的鴻溝而至絕對的彼岸」〔註54〕禪師先構畫出意象之後，講出某個公案內容，其教人不必倚靠信仰、懺悔、神恩、寬恕以及來生等觀念，當下契入即能達到這個目標。

語言是人為的符號系統，必然會受到特定時空的限制而脫離不了歷史文化背景，學者黃家敬說：「相同的公案，會隨著不同時代的禪師，因其個人或時代文化的轉變而對公案產生不同的詮釋意見，因為讀者的時代環境是不斷變動的，公案意義也就可以源源不絕地被開發。運用語言表達禪境必須注意：一者，勿將語言文字當作事實本身，而忘卻實際體驗的重要性；二者，禪悟的本質永遠不是語言文字所能精確表盡；三者，禪宗的精神即在打破名言與本體意義之間的對應關係，以獲致精神上的解放。」〔註55〕所以，克勤以文字禪開啟了一個學禪的新方法，這種循環詮釋的模式，隨著不同的禪風和時代環境，形成一個互相呼應的語意系統和詮解模式，因此，開悟的禪師解讀公案的方式絕非一成不變，只有開悟者才善加運用文字表面之下的意蘊，其文字開啟了一種正念的療癒。

三、意蘊的探索

語言意義就是文句的語音形式所表達的內涵，是人們對客觀現象的概括反映，文句可以首先指出理性的意義，即說出來的話有著某種思想內函，有時還可以附加某種色彩，如形象的色彩、感情的色彩、風格的色彩等，因語言意義基本概括了意思、情感等內容。

對於禪偈的正確理解是觀禪的起碼要求，如果對禪境某些詞語不瞭解，那麼就會造成理解障礙，有時甚至是霧裡看花、毫無巴鼻。禪師的禪辦是具有無

〔註54〕鈴木大拙：《開悟第一》，頁91。
〔註55〕黃敬家：〈宋元禪師對「趙州勘婆」公案的接受與多重闡釋〉，《漢學研究》，31卷4期（2013年），頁170。

限的生命力的，如本案中黃檗云：「不著佛求，不著法求，不著眾求，常禮如
是。」

　　既然是無求了，就這樣讓它自然如此。其主張心即是佛、心即是法，其言
簡、理真，其道峻、其行孤，這都是他在歷史表現的樣貌，他的大機大用，完
全掌握在他的手中，甚至所有人的命根子，也完全受他使喚。克勤認為，平常
無足輕重的一言半句，經過他的講述之後，就可以喚醒很多人;他的垂示的一
機一境，足以打斷人心中如枷鎖般的俗情妄念，即使接引具有上等根機的人，
他也會使用機用高超的手段。如評唱云：

> 大中天子曾輕觸、三度親遭弄爪牙」。黃檗豈是如今惡腳手，從來如
> 此。大中天子者，續咸通傳中載，唐憲宗有二子：一曰穆宗，一曰
> 宣宗，宣宗乃大中也，年十三，少而敏黠，常愛跏趺坐。穆宗在位
> 時，因早朝罷，大中乃戲登龍床，作揖群臣勢，大臣見而謂之心風，
> 乃奏穆宗。穆宗見而撫歎曰：我弟乃吾宗英胄也。穆宗於長慶四年，
> 晏駕。有三子：曰敬宗、文宗、武宗。敬宗繼父位。二年內臣謀易
> 之。文宗繼位，一十四年。武宗即位，常喚大中作癡奴。
>
> ……檗一日禮佛次，大中見而問曰：不著佛求，不著法求，不著眾
> 求，禮拜當何所求？」檗云：「不著佛求。不著法求，不著眾求，常
> 禮如是。」大中云：「用禮何為？」檗便掌。大中云：「太麁生！」檗
> 云：「這裏什麼所在，說麁說細，檗又掌。」大中後繼國位，賜黃檗
> 為「麁行沙門」，裴相國在朝，後奏賜「斷際禪師」。雪竇知他血脈
> 出處，便用得巧，如今還有弄爪牙底麼，便打！〔註56〕

克勤禪師對照出大中與黃檗對話，大凡機巧之人，都自認為自己頗有根機，所
以自以為是之疑，這正是參禪的大忌，大中不知禪師真正的意蘊，故而被黃檗
給了巴掌，克勤要突顯，參禪要真正的參入禪意。故當大中云：「用禮何為？」
黃檗便一掌過去。大中認為：「太粗魯！」黃檗就說：「這裏什麼所在，說粗說
細。」檗又一掌。故詩云：「大中天子曾輕觸，三度親遭弄爪牙。」曾輕觸是
指大中天子，不向深層意蘊的探求，黃檗希運常借語呵斥拘泥於語言文字的參
禪者，並認為是僅嘗得釋迦、達摩的殘渣，就像僅嚐得酒糟味，而不知真正的
酒味。

〔註56〕《佛果圜悟禪師碧巖錄》卷2，CBETA, T48, no. 2003, p. 152b1-c13。

　　要透過公案來向深層意蘊的探求，人們必須回歸日常生活，由於日常生活累積不少的壓力，總以為透過旅遊或休假就可全部釋放，但往往生活一回到正軌，從前的壓力又全部重現。大中天子的壓力就是終要回歸大統，他的這個念頭時時反應在他的詩句中，以致他的小機用是一無到底，所以「用禮何為」？他不知禪師的意思，因此當面一掌，而三次親遭龍爪。大中這大統的壓力造就的焦慮不安，是以他一直在用他的機巧試應禪師，遇到黃檗才是真正遇到了解他的人。

　　克勤評唱出，大中卻未能解禪中意蘊，是藏在他心中的某種積憤，憤恨是人體最可怕的毒素，累積到一定程度，必然會引發各種病情，這時才要紓解或治療是太慢了。長久下來會耗損專注力、讓人情緒低落，做什麼事都提不起勁。真正的壓力釋放應該透過生活中點點滴滴能做的「小」事，並且要每天執行，例如清理所有你不需要的東西丟掉、賣掉、捐掉都好，東西少一點，壓力少一點，自由就多一點。禪師們力行極簡單的生活，放掉讓人思考自己正在做什麼，這個「當下」一掌可以幫人釋放焦慮、心平靜下來，最後只留下實用，對人的開悟有正面意義。

　　習禪者當把每天的瑣事變成「自我療癒時間」，例如搭車上下班、走路去買午餐、洗澡這些事，不管怎麼樣都得做，不如就用來好好放鬆，想想有趣的公案、看些有趣的禪偈來轉換心情，把這些短暫瑣碎的時光變成釋放壓力的儀式。把習慣成自然往好的方面發展，如生活中，該做的事妥當的辦好，把該處理的物隨時處理，以充分準備的心來面對日常生活，弄清楚每樣日用品放在那些地方。當找不到要用的東西會加深焦慮，隨手整理不只免於日後翻找浪費時間，養成這些習慣你也會慢慢發現生活更加井然有序，對自己更有自信。每天抽空做些讓自己「忘我」的事。有些人聽音樂時能完全放鬆、投入，有些人則是透過運動、爬山、兜風等方式。簡單地每天抽空做些能讓自己「忘我」的事，短暫抽離現實的紛擾，之後回頭做正事，人會發覺自己更加專注，而這個專注就是禪師要強調，讓自己隨時進入專注之中，就是做好「開悟」的準備，時機成熟自然而然地就真的開悟。

　　如果更能由禪詩、禪偈的訊息，引發浮現出相關的意象，因而可以進入審美的階段，當詩歌審美中意象的顯現，正如康德所言：「為了分辨某物是美的，我們不是把表象通過知性聯繫著客體來認識，而通過想像力，而與主體及其愉

快或不快的情感相連繫。」〔註57〕通過想像力由禪宗來解釋就是領悟力，經由領悟連結到那空性覺知，那麼文字禪的接受性手法就能成為療癒的效果。

　　以上透過「接受性」的療法，將品禪、讀禪、觀禪的動作，分為訊息的接收、語言的暗示、意蘊的探求等三個過程，來讓人進入禪境，而文字禪所代表的符號，可以成為一種不朽的印記，如果每天都能以之自我療癒，人當能很自然地進入禪境，進入了自療。正如鈴木大拙所言：「禪必須從西方哲學家們所仍不不知道的觀點，去研究與分析，而我確信這項研究，會帶給我們豐碩的成果，不僅在哲學和宗教如此，在心理學以及相關科學中也是如此。」〔註58〕筆者以這樣的觀點，切入了心理治療方法，並代出禪法的正念療育，這其實鈴木大拙所說研究與分析，就是解開禪的療癒面向，用這樣的精神來探索禪，的確已帶來安頓方面的成效。

第三節　文字禪與「創作性」療癒

　　《詩歌療法》中「表達性」療癒，也是「創作性」療法。這是指以書寫來創作作品，或敘事其事、或歌詠其音、或繪畫其圖、或表演其劇，而化解心情的郁悶以達到治療。詩歌對創作首要在意象，意象有可能成為隨情感而定的純粹結果，創作中的隱喻有時候會與某種晦暗和模糊的產生有關，人的視覺意象具有某些描寫的功能，如瓦倫汀提出詩創作性的理論如：一、創作之外、二、隱喻的凝聚、三、代替與移置〔註59〕。於「創作之外」中，乃是指在創造某一作品時，每一個因素的價值的判定都必須考慮整首詩及其主要意義，及其所代表的言意之外的描述。如禪師道出某一禪偈詩句時，不是文字的意義，但他始終知道這首詩就是為某人現狀而說的。「隱喻的凝聚」乃是透過意象引起不同的情感作用，這一現象相似於「凝聚作用」，在凝聚作用中，則可以進一步說明無意識的作用，說出當下創作的「無心之心」的作用。「代替與移置」即對於詩的閱讀或創作，因為使用器具的不同而產生各種視覺、聽覺或感情上的不同，因而有代替與移置的作用。以下就藉引這三種理論在公案上的運用。

〔註57〕康德：《判斷力之批判》（台北：聯經出版，2013年），頁37。
〔註58〕鈴木大拙：《禪學隨筆》（台北：志文出版，1990年），頁88。
〔註59〕瓦倫汀：《實驗審美心理學──音樂、詩歌篇》（台北：商鼎文化，2000年），頁196～207。

一、創作之外

作者在言意之間將詩歌創造出來之後，其被讀者所產一創造性的意象詮釋會更為頻繁而複雜，它不再僅僅是詩歌中直接描寫的事物意象及其所產生的影響問題。瓦倫汀說：「心靈對具有豐富意象的詩歌之美有強烈的審美敏感，人們在這種詩歌中最為清楚地看意象的產生。」作者在其實驗工作中提到，他的一名研究生，從其所寫〈我在欣賞托馬斯時詩「雛菊」時的心理分析〉的記錄中引錄一段有關意象的文字：

> 在第一次讀到這首詩時，我之所以喜歡它，是因為引起我生動的視覺意象。美麗的景色，美麗的小孩，還有詩中的心境變化。開頭幾行還使我產生愉快振奮的情感，彷彿是在一個陽光明媚的日子裡，我站在一塊高地上，清新甜美海風吹拂著我的臉，後來我讀了一些有關詩人生平的材料，看了他的照片，這就改變了我的欣賞的角度，詩人的形象在我的意象中佔據了主要的地位，他的照片讓我想起我父親的面容。這樣一來，在視覺意象中，詩人的音容笑貌便具有了我的父親的特點。〔註60〕

此詩句的意思很明顯地受到了作者所描述言外之意，詩的情感已經使這讀者超出於實上所描寫的才材料之外。但這不一定是詩中所描述的，如父親引起的聯想，他的形象與詩歌中的形象在一起，這正是詩的創作到聯想。可以說形象是如此直接地與詩歌本身的形象相聯繫，它們彷彿是在圖解詩的概念。這種意象的創作，是點作作品時最主要因素，即閱讀詩此最關鍵的因素。這樣的觀點可以藉引到禪詩禪偈之上。

如在禪門中一個真正慈悲柔軟的人，就像菩薩一樣，他只有一個方向，就是幫助所有眾生得到利益；只要眾生能得到利益，無論要他變成什麼都可以。為了讓眾生得利益，自己必須變得非常柔軟，也就是說會隨著眾生的因緣而改變自己，但萬變不離其宗——即使千變萬變也不會改變原有的方向與目標，這才是真正的慈悲柔軟。如果一直變化，變到忘卻既定的方向，或是喪失原則，那不是真正的柔軟，而是人云亦云、隨波逐流。而且所謂「眾生有益」，是真的有益，不是存了好心，結果卻做了壞事，其間的標準便要以「智慧」來衡量。如圓悟克勤禪師對本則公案的「頌古」云：

〔註60〕瓦倫汀：《實驗審美心理學——音樂、詩歌篇》（台北：商鼎出版，2000 年），
　　　　頁 199。

象骨巖高人不到，（千箇萬箇摸索不著，非公境界）

到者須是弄蛇手。（是精識精是賊識賊，成群作隊作什麼？也須是同火始得。）

梭師備師不奈何，（一狀領過，放過一著。）

喪身失命有多少。（罪不重科，帶累平人。）

韶陽知（猶較些子，這老漢只具一隻眼，老漢不免作伎倆。）

重撥草（落草漢有什麼用處，果然在什麼處，便打！）

南北東西無處討。（有麼有麼，闍黎眼瞎。）

忽然突出拄杖頭，（看高著眼，便打！）

拋對雪峰大張口；（兩重公案，果然！賴有末後句。）

大張口兮同閃電，（自作自受，吞卻千箇萬箇濟什麼事？天下人摸索不著。）

剔起眉毛還不見。（蹉過了也，五湖四海，覓恁麼人也難得，如今在什麼處？）

如今藏在乳峰前，（向什麼處去也？大小雪竇也作這去就，山僧今日，也遭一口）

來者一一看方便。（瞎！莫向腳跟下看，看取上座腳跟下，著一箭了也。）

師高聲喝云：「看腳下！」（賊過後張弓，第二頭第三頭，重言不當吃。）

本頌是指雪峰與諸大弟子們的對話，比照出每個人的禪風特色。本詩頌的特色各出奇招，雪峰禪師已經高不可企及，千萬人難以摸索得到，不是因為你不了解雪峰，只是因為他的境界太高了。本典故大要如下：慧稜禪現曾問雪峰禪師：「從上諸聖傳受一路，請師垂示。」雪峰禪師默然良久。慧稜禪師便禮拜而退。雪峰禪師於是莞爾一笑。隔天，雪峰禪師謂慧稜禪師道：「我尋常向師僧道，南山有一條鱉鼻蛇，汝諸人好看取。」這裡點出「象骨巖高人不到，須是弄蛇手」的比喻，不是專門的人，無法領會禪意。慧稜禪師應道：「今日堂中大有人喪身失命。」雪峰禪師一聽，便點頭稱是。〔註61〕

　　這裡頌古中適足以看出克勤指出了雪竇的創造意象，也指出雪竇用作此詩乃言雪峰山下的風光，自己是知道的，而克勤也知道，只有見性者才是同道之人，所以說「是精識精、是賊識賊」，乃是指這些禪師都是同伙人。如用「重撥草」乃典故中的「**鱉鼻蛇**」的藏身處，可是天下是找不到的，不小心掉進草裡

〔註61〕《五燈全書》卷13：「南山有一條鱉鼻蛇，汝等諸人，切須好看。長慶出曰：今日堂中大有人，喪身失命。雲門以拄杖，攛向師前，作怕勢。有僧舉似玄沙。沙曰：須是稜兄始得，然雖如是，我即不然。」（CBETA, X81, no. 1571, p. 522b14-17 // Z 2B：13, p. 196a5-8 // R140, p. 391a5-8）

的卻很多，雪峰藏在草中「突出拄杖頭」卻是這拄杖，不是佛、不是心、不是物，是要以超越的眼光來觀看，參禪都要睜大眼睛來看，乃要學人振作精神領悟禪旨。「看方便」乃是禪師因人施教，人也要活學活用，連克勤也學得了這樣的方法，「看腳下」也成了他的獨門絕招，會則了得，所以就不要再重覆說了。

在禪師的語錄中，處處有這突兀的機鋒，用言意與邏輯來推理，甚至比「腦筋急轉彎」還無厘頭，好像禪師就是為了故意捉弄人，在人本學派的心理治療中，類似的場景也常出現，當事人急著想找出自己痛苦的原因，相依賴心理醫師給個答案，心理師偏偏不正面回答，讓當事人困惑不已。「在心理智療治室裡，當問題更有深度地任現之後，往往會發現和當事人的思考、行為模式彼此纏縛，互為因果。」〔註62〕就此學者吳平解說：「圜悟克勤的開示應該倒過來讀：脫去了坐禪的籠，卸下了公案的重載，這只是自利之行的太平時節，還應該建法幢，立宗旨，打開利他的行願，才是錦上添，克勤認為雪峰就是一個這樣的禪師。」〔註63〕基於渡眾的理由雪峰有建立宗風的企圖，他有很多意象的創造，他可以提人多重的宇宙，圜悟克勤的文字禪承繼了這樣企圖，繼續為如來家業做承擔。

二、隱喻的凝聚

「隱喻」比「明喻」更進了一層。用判斷詞『是』做連接詞語，把本體直接說成是喻體。例如「報章」是本體，「人民的喉舌」是喻體；喉舌是說話的器官，以喉舌比喻代人發表言論的報章，貼切得很。

在詩歌中由同一情感引起不同的意久，這一現象相似於「凝聚作用」現象，在凝聚作用中，可以進一步說明無意識的作用，弗洛伊德曾指出，夢中的人或物體往往是兩個或多個相混合的，而對其情感則是同一個。因而，由兩個人所引起的情感就可以凝聚在一起，成一個代代表著兩者或多的象徵物，則上一則公案中可以看「隱喻的凝聚作用」。說明當我們看到詩歌的意象時，某人可能專注於對象的一部分，這重注意力是真正審美欣賞所不可缺少的條件。

詩歌中的語意傳達和將要被傳達的東西也不甚了了，傳達不能說明詩的真諦，當然詩歌中有不同程度的傳達，詩歌也不能排除傳達的意義，為了傳達特殊的意義，詩人必須用「隱喻」的手法。學者瓦倫汀說：

〔註62〕黃龍杰：《心理治療室的詩篇》（台北：張老師文化，2009年），102頁。
〔註63〕吳平：《新譯碧巖集》上，頁285。

必須加上隱喻的成分，加上情感的成分，起碼是快感的成分，而對
於整首詩來說，最後還要加上某一種統一的範式。……強烈而顯著
的意象可能造成意象—隱喻的某些碰撞，不伴隨有意象的概念性隱
喻輕而易舉便可獲得。〔註64〕

詩的隱喻是禪師的手法，其將前人的禪學經驗看成經由時間延伸的軸線，結合
禪師之間的觀點而成為一個概念，如本詩頌從「象骨巖高」、「弄蛇手」、「重撥
草」、「拄杖頭」、「剔起眉毛」、「看方便」、「看腳下」等這些隱喻，都是圍繞
在「鱉鼻蛇」這個核心為議題，這個隱喻著參禪者要找的東西就在看不見的
草叢中，但那草叢裡可能很危險，一不小心就要人的命，以致於產生各個禪
師的表現手法，而克勤也表達到了自己的看法：「看腳下」，看著腳下乃知，
一步一腳印，自己到走到了那裡，自己要很清楚。無疑地這群組共構成了「隱
喻的凝聚」。

當雪峰莫明奇妙構建了隱喻的意象「有一條鱉鼻蛇」，以蛇藏在草中的意
象，要考驗弟子們的領會能力。長慶當下見頭知尾，抄近路而行，乾脆說有人
會因蛇而喪命。事實的確如此，這一條蛇不知咬喪了多少命？雲門文偃的反應
則是機心相對，你說毒蛇，我就馬立揮起杖子，作毒蛇猛撲之勢，也做害怕的
架勢，如此都是機心活潑，雷擊閃電般的迅速，大有「到者須是弄蛇手」的機
鋒。玄沙師備對這話頭，則應和南山的蛇與我無關，我有本覺自性，毫不相干，
所以不為所動，也是回應了雪峰的本義。克勤的回應「大小雪竇也作這去就，
山僧今日，也遭一口」，意指雪竇、夾山、還有自己都被咬到了腳，這是指出
「看腳下」當下就是，實地去體驗吧，這是對雪峰以來的禪教得到領受，而且
也十分受益，此頌意象十分靈活，各人表現風格盡不相同，形成了「隱喻的凝
聚」。

禪師最喜歡用各類的隱喻，使人注意到禪的重要性，禪師的教學不再以經
典或傳統這類的用語來統整其外在經驗，而以「隱喻」的事物來表達，他所考
慮的是「意象之外」或「宗風」，所以當人看到這一則公案時，不一定要把他
看成真理的宣揚，只要看成令人期待的新文化，開展出初步療癒的工作。禪師
不是急著解決什麼問題，其思緒是想要建立一種禪學思潮。禪師頗想要傳達的
體驗，當這些體驗全部注入到詩文中時，這些體驗與原來的體驗就不一樣了。

〔註64〕瓦倫汀：《實驗審美心理學——音樂、詩歌篇》（台北：商鼎出版，2000年），
頁226。

所謂的「體驗」可能是諸多心意融合的結果，它們的最初來源可能是朦朧隱晦的，即使要把他們表達出來，禪師必須藉著「隱喻」來表達，當人不斷去參究那個隱喻時，正是進入曲山幽徑之際，不知裡面會看到什麼，就在那十字街中，直接走進去發掘那「隱喻」，人可以貫通宇宙與禪師處在那隱喻凝聚的當下。

後世許多禪師，利用答非所問的錯愕，幫助當事人打斷理智上「窮追狗尾巴」的惡性循環，一步踩空，發現無路可走，當下止息的新體驗。當下為何要開始追自己的尾巴，並是不重點，重點是如何停下來，多次挫折下來，若性急的參禪者，也浦有機會領悟，不是靠禪師的治療，而是靠自己停止「對焦慮的焦慮」，這材是答案。「雖然生物醫學認為，病根全在大腦神經的內分泌，但從禪宗的故事看來，也許病根是在觀念和行為模式。」〔註65〕於公案、禪詩或禪偈中所有的隱喻，都意著人與禪的交融與聯繫，答案是進入隱喻之指示之中，這正如鈴木大拙所說：「進入一切之境，通常的、神聖的，污染的、純潔的，是你進入一切佛地，進入彌勒樓閣，進入毗盧遮那法界，而不論你進入何處，都呈露出一個屬乎生、住、壞、滅之境。佛現身於此，轉大法輪，殺進入涅槃，然而他的去來，沒有蹤跡。」〔註66〕這是佛與禪師的隱喻凝聚，當禪師以其風格和叢林的制度做為療癒的隱喻時，就看見叢林的故事是如何帶入到人們的生活或參禪者的生活。第三的「替代與移置」結合《詩歌治療》中的「象徵性」模式，闡述於下一節。

第四節　文字禪與「象徵性」療癒

象徵性（即儀式性）模式，即詩歌中對隱喻、典禮儀式和故事敘述的運用，達到外化、解構、內化、重新開始等作用。當人在最喜愛的詩歌之中，人有時會進不同的情境，但那與主題毫無相關。這意謂著觀念與感覺在詩歌的競爭之中，而當人們讀禪偈與公案時，文字所敘述的與個人所體悟到的，完全不同，這可能就是意象的「替代」與「移置」。

一、替代

替代所描寫的乃是指某象形的事物。禪宗公案中很多對話頗多看起來都

〔註65〕黃龍杰：《心理治療室的詩篇》（台北：張老師文化，2009 年），103 頁。
〔註66〕鈴木大拙、佛洛姆著，徐進夫譯：《禪與心理分析》（台北：志文出版社，1991年），頁 62。

是雞同鴨講，然而仍然有此那對話中開悟出來，這就是禪的公案與詩偈達到了意象的代替，尤其是禪師的暗示性力量很強時，意象會讓人產生莫明的喜悅，這就是一種意象的代替與移置。瓦倫汀說：「諸如韻律與意義之行的因素可能具有相對重大的作用，也可能是由於語言本身，特別是描寫大自然的詩歌中的語言，本身包含有的情感質調與美的自然對象有聯繫，這種聯繫是非常生動逼真⋯⋯意義只有通過意象表現出來才有可能是完整的。」〔註67〕有時候言語表達是意在言外，所說的是這裡，要指明卻是那裡，指頭不是禪，指向的月才是表示禪。

公案之中即使是在禪詩中，也有可以如此，人在習慣放下的意象化的情況下，人會解有能對禪境有清的把握。如克勤的評唱云：

> 象骨巖高人不到，到者須是弄蛇手。雪峰山下有象骨巖，雪峰機峰高峻，罕有人到他處。雪竇是他屋裡人，毛羽相似，同聲相應，同氣相求，也須是通方作者共相證明。只這驚鼻蛇，也不妨難弄須是解弄始得，若不解弄反被蛇傷。五祖先師道：此驚鼻蛇，須是有不傷犯手腳底機，於他七寸上，一捏捏住，便與老僧把手共行。

這裡標舉了一個高峰獨聳的意象，裡面住著猛蛇，一條很厲害的蛇，想要爬上去的人必須是抓蛇的高手。雪峰是抓蛇的高手，他於七寸上將蛇一捏就捏住了，並且將它拿在手裡，晃動著蛇走起路來，強調要抓驚鼻蛇，必須要有不會傷到自己手腳的工夫。然而克勤猛然發現裡住了很多人，毛羽相似、同聲相應，又是通方作者，大家都彼此了解，其中除了雪峰之外，還有長慶、雲門、玄沙、夾山、雪竇甚至還有一個克勤，這個現象故事中竟然出現了七個高人。又云：

> 長慶玄沙，有這般手腳，雪竇道：「棱師備師不奈何」，人多道長慶玄沙不奈何，所以雪竇獨美雲門，且得沒交涉。殊不知三人中，機無得失，只是有親疏。且問諸人，什麼處是棱師備師不奈何處？「喪身失命有多少？」此頌長慶道今日堂中，大有人喪身失命。到這裏，須是有弄蛇手，仔細始得。雪竇出他雲門，所以一時撥卻，獨存雲門。一個道韶陽知，重撥草，蓋為雲門知他。雪峰道南山有一驚鼻蛇落處，所以重撥草。雪竇頌到這裏，更有妙處云，「南北東西無處

〔註67〕瓦倫汀：《實驗審美心理學──音樂、詩歌篇》（台北：商鼎出版，2000年），頁206。

討」，爾道在什麼處，「忽然突出拄杖頭」，原來只在這裏，爾不可便
向拄杖頭上作活計去也。雲門以拄杖攛向雪峰面前作怕勢，雲門便
以拄杖作驚鼻蛇用；有時卻云：「拄杖子化為龍，吞卻乾坤了也，山
河大地甚處得來？」只是一條拄杖子，有時作龍，有時作蛇，為什
麼如此？到這裏方知，古人道心隨萬境轉，轉處實能幽。頌道：「拋
對雪峰大張口，大張口分同閃電。」雪竇有餘才，拈出雲門毒蛇去。
只這大張口分同於閃電相似，爾若擬議，則喪身失命。「別起眉毛還
不見」，向什麼處去也，雪竇頌了，須去活處為人，將雪峰蛇自拈自
弄，不妨殺活臨時。要見麼，云「如今藏在乳峰前」。乳峰乃雪竇山
名也。雪竇有頌云：「石總四顧滄冥窄，寥寥不許白雲白。」長慶玄
沙雲門，雖弄得了不見，卻云「如今藏在乳峰前，來者一一看方便。」
雪竇猶涉廉纖在，不言便用，卻高聲喝云：看腳下。從上來有多人
拈弄，且道還曾傷著人，不曾傷著人，師便打。傷著人，不曾傷著
人師，便打。〔註68〕

從意象與隱喻再談到代替，似乎長慶慧稜、玄沙師備兩人對雪印的禪機都無可
奈何，雪竇重顯只是稱讚雲門文偃，但克勤強調這三人只有親疏的不同，並沒
有誰高誰低的問題。當長慶說：「今日堂中，大有人喪身失命」有蛇的出沒，
代表有人可能會喪命，這是一種意象的移置，並不是真的有人喪命，而是指向
人會困惑在禪門之中，體會不到真生命、真性情。不但達不到真正的解脫，反
而因此得到「禪病」。

　　禪法以「無」，是能徹斷生命痛苦的妙法，但是也必須要具備相應的根器，
禪師觀察人的根器，隨時宣說空法，有些信根未熟者在聽聞後，不但無法接受，
反而會生起誹謗或認為一切法完全斷滅，由是而不承認因果、輪迴等等，導致
相續受到損害，甚而墮入惡趣，這都成了禪要對治的方向，因為這不屬於生命
所有，生命本是「無」，而疾病而也屬於「無」。

　　禪的特色就在此呈現，為了讓參禪者當下見性，從情境上的威赫、言語上
的喝叱或動作上的誇示，讓人收攝心神進入禪境。如義玄禪師以機鋒峭峻為
用，其喝叱等顯大機用，別成一家，如臨濟云：

　　道流！莫取山僧說處。何故？說無憑據。一期間圖畫虛空，如彩畫像
　　等喻。道流！莫將佛為究竟，我見猶如廁孔。菩薩、羅漢盡是枷鎖、

────────────

〔註68〕《佛果圜悟禪師碧巖錄》卷2，CBETA, T48, no. 2003, pp. 163c3-164a24。

縛人底物。所以，文殊仗劍殺於瞿曇、鴦掘持刀害於釋氏。道流！無

佛可得，乃至三乘、五性、圓頓教迹皆是一期，藥病相治，並無實法。

　　設有，皆是相似，表顯路布，文字差排，且如是說。〔註69〕

佛所傳下的各種方法，都只是用來治療種種疾病的方法，禪本身是沒有實質
的，不論其自稱為有何等實質，都只不過是象徵性的表現，也只是文字戲論。
顯然禪所傳的是要求活生生的生命、個體性與靈性。學者鈴木大拙說：「這種
心靈完全的自由，任其自我展現，這種心靈的自我展現是不可以被任何人為的
事物所阻礙的。」〔註70〕臨濟曾告戒弟子們，不論任何事物，必得由他們自己
證實為真，才可以接受。一切事物，不論是神聖的或凡俗的，都要加以擯棄，
因為它們不屬於自心。也不可執於感覺、不可執著於理智，不可依二元論，不
可依傍一元論，不可被某種絕的體所誘，也不可被神所引誘，你只要是你自己，
則你將虛如太空，自由如空中的鳥或水中的魚，人的精神將明徹如鏡，可知臨
濟禪是極為原創性的，絕不受傳統的佛教教義所的阻礙。

　　禪指出禪是趨向和諧的，疾病意味失去和諧，或是原本平衡的狀態出現問
題。然而和諧的破壞是發生在意識之中，是在訊息的層面，只是表現在身體上
而已，所以身體代表意識的再現，可以由此來了解意識，所有的過程和變化都
是憂生命內在中進行的。當人以為疾病確實以症狀的形式在身體表現出來，禪
師要告訴人們認為身體會生比的說法容易造成誤導，因為生病的是人，不是身
體，疾病必然發生在人的意識之中，意識靠著身體才能存在，所以沒有意識的
話，身體也不會生病。

　　中國佛教的特質在禪，而禪宗又以臨濟為代表，所以對於創始者義玄禪師
的禪風要給予特別的重視。禪師必不接受把疾病分成身體、心理等說法，這種
觀念會阻礙人對疾病的認識，人們的觀點與身心模式是相互符合的，人們對於
疾病產生了症狀的想觀點，因而有身、心的病，但臨濟指出不論是二元的、對
立的，都要加以擯棄，病狀都出現在人的意識之流，任何病都必須先統整起來，
要把注意力直接放在意識之流的過程。

　　雖說沒有本事的人不要來，來的人除了有弄蛇的本事外，還要小心仔細才
行。蛇是治病的因素，本事是治療的能力，兩者之間並非對立關係。疾病與健
康都是個別的概念，用來指涉人類的狀態和情況，也不是現代流行的用法，用

〔註69〕《鎮州臨濟慧照禪師語錄》，CBETA, T47, no. 1985, p. 502c3-10。
〔註70〕鈴木大拙：《禪學隨筆》（台北：志文出版，1990年），頁19。

來指涉器或部分身體的狀態。禪認為身體並不會有疾病或健康的問題，因為身體的作用只是表達來自深層內在的訊息，身體本身也不能做什麼，它就是人生活的載體，是活下去的工具。禪是指向生命的「無」，生命需要身體活著，但實在沒有必要為症狀感到煩惱，或試圖阻止症狀的出現。如慧能說：「我此法門，從上以來，先立無念為宗，無相為體，無住為本。無相者，於相而離相。無念者，於念而無念。無住者，人之本性，於世間善惡好醜，乃至冤之與親，言語觸刺欺爭之時，並將為空，不思酬害，念念之中不思前境。」〔註71〕念、相、住都是人生活之中所必需，但若能不執著，隨念、相住而過，這是相對疾病的方式，生活之中不需防止症狀的發生，而是要讓症狀不需要發生，六祖教人先把目光從症狀本身轉移開來，檢視更深層的東西，才能了解症狀在說明什麼事情。

禪法之真諦永恆不變，它在不同時空的演化過程中呈現出之差異不過是言說、顯示此真諦之方式的設教系統不同。無念、無相、無住為本心、自性之性空義，若僅悟及此義，雖曰無住，仍不免住於空寂，如南懷瑾說：「本來無一物的情況，正如雪月梅花的境界，雖然清冷而美妙，到底是空寂孤寒的一面，毫無生機存在。六祖在大徹大悟的時候，是他三更入室，他初聞『應無所住而生其心』的頓悟，使他再進一步而徹底瞭解心性本元的究竟……這個才是代表了禪宗言下「頓」與「悟」的境界。」〔註72〕任何一個徹悟佛法真諦的大覺者，無論是依那種方法得悟，那麼從其大覺心海中流出之言教，自然別出心裁，自成一家，故六祖直截本源，不必像如佛學專家一樣從前人留下的文獻中找出一條發展脈絡。

克勤禪師對「禪」與「教」的態度，值得吾人注意，他在「文字」與「禪」之間，多了一道自我消融的、「無」的過程，一方面認同文字於教化上的價值，一方面確立禪的實踐精神，二是化解對立的干擾，不致因評唱頌古與拈古，而流於一昧追求文彩煥爛的禪病。至於後來的人，為何會對他的《碧巖集》有負面的評價，視其書為原罪，也只是缺少消融的工夫。

二、移置

「移置」乃是把表達的意思，改到另一個重點上，把位置的轉移之意。上

〔註71〕《六祖大師法寶壇經》，CBETA, T48, no. 2008, p. 353a11-15。
〔註72〕南懷瑾：《禪宗與道家》（上海：復旦大學出版社2000年），頁48。

文中雪竇重顯是雲門宗的傳人，所以長慶慧稜、玄沙師備放在一旁，只剩下雲門文偃一個說：「韶陽知，重撥草」韶陽就是文偃，文偃又移置了一個意象「重撥草」，也說明了文偃的弄蛇本事。但雪竇又說：「南北東西無處討」，亦即跟本找不到蛇，那蛇會在什麼地方呢？「忽然突出拄杖頭」原來在這裡，文偃把主拋向雪峰，裝出一副害怕的樣子，但是文偃就是用拄杖做驚鼻蛇的，又說：「拄杖化為龍，吞掉了整個天地。」只是一根拄杖有時化作龍、有時化作蛇，到了這一步，才能真理解，從前禪所說的偈，有心隨萬境轉、轉處實能幽，隨流認得性，無喜亦無憂。

雪竇重顯：「拋對雪峰大張口，大張口兮同閃電。」雪竇有才氣拈出雲門這條毒蛇，張著大口像是閃電一樣，如果稍有遲疑，恐怕就會喪失身命。「剔起眉毛還不見」，雪竇要人必須靈活地應對禪機，將雪峰的這條毒蛇拿出來玩弄一下，要殺要活，隨機應變，就要人時時體現禪理，禪理自在人人心。又說驚鼻蛇現在在哪裡？「如今藏在乳峰前」，乳峰山乃是雪竇山的一座山名，主要的是裡面還有一個開悟的夾山禪師〔註73〕，所以雪竇頌云：「石總四顧滄冥窄，寥寥不許白雲白。」長慶玄沙雲門，雖弄得了不見，卻云「如今藏在乳峰前，來者一一看方便。」雪竇很細致著舖排著意象，但是就是不說出來，只是拿來獨自享受，卻高聲喝云：「看腳下！」到底有沒有這一條蛇呢？它到底有沒有傷著人，還是沒有傷著人？能說出來的禪師就要打他，說傷人不會傷到老的來也是照樣挨打。從長慶慧稜、玄沙師備、雲門文偃各自借驚鼻蛇顯示自己參禪的體會，驚鼻蛇本來意謂著本真的面目，但為了找他而傷到了自己，或是指雪峰義存自身。長慶慧稜表示全身皆體悟其威力；玄沙師備以的貫氣遍滿宇內，故不用去南山，說是直接看取其遍法界之相；雲門文偃顯示其活用，於當下能顯驚鼻蛇全體。雪竇重顯教人看方便、看腳下，有著當下即是的顯示，圜悟禪師的也因「看腳下」而得到師心印證，然說他的看腳下，更重視一步一腳印，而且做教示於的作用。

禪法是因為人人可以本有成佛之性，故讓參禪運用覺悟來掌握事物本身，這或許可以說是禪家創造性的療癒思維，並以闡述禪不斷在世界中挺立自我，他們鍾愛生命、積極生活，瞭解自己的存在狀態，以禪表現他原始生命的力量，

〔註73〕《五燈會元》卷5：「澧州夾山善會禪師傳，前示偈曰：明明無悟法，悟法卻迷人；長舒兩腳睡，無偽亦無真。」CBETA, X80, no. 1565, p. 120b19 // Z 2B：11, p. 93b16 // R138, p. 185b16。

並從中發現意義，以禪表達自我意識，清楚人世存在的結構與意義，並自由地開發人類的存在方式，去面對生活世界的關懷。

人與心乃屬是二元對立，有形相可得，是說法性的方便是不了義的；方便終須遣除，無分別法性才是了義的實相。說「鱉鼻蛇」本來意皆指「般若」法性，這才是雪峰的本意，而清淨心是本來存在。〔註74〕雪峰把「移置」為傷人法器，「拄杖化為龍」，不已透露了那變化無常的「無」，而這個「無」，是有「無為而有用」，「無」並不是偏向「無分別」寂滅一邊的，分別之「起用」，可以「自在」任運而起。不過，法性雖能起分別，並不執取，旋立旋破，復歸無分別。

禪很少使用「佛性」這個詞，「更多的是在不同角度用『心』表示這個概念，甚至形象地稱之為『無位真人』等」〔註75〕。這是說克勤的療育治療包括：一、發揮大乘佛教的學說，宣述佛在自身自心，不假外求，這就是他強調的本具之自性；二、是依據般若「空」的思想，認世界一切事物和現象皆無自性，不僅不應執著外在事物，連自己的自性及一切感性認識也不應執著。三、自心有箇無，只要人不執著外在，隨時「照看腳下」與一切的存在互動，自性可以療癒自己，認識那位「無」是為療癒的對話，是進入「終極關懷」（ultimate concerns）的模式〔註76〕，是與真人同在的方法。克勤禪師特別強調人們生活活動中每一個當下，都有這個人的存在，他亦不倦於教訓後人，要體認這個當下或真正的「無」。

綜上本節以克勤的《碧巖集》禪例與詩歌療癒的對話，從接受性到創造性療的運用，禪詩看似無厘頭的說話，當接受其創作意象時，也隱然有深層意蘊的探求與解答，甚至從禪偈中對意象、隱喻、代替與移置的運用，禪師有活躍

〔註74〕「清淨心」為如來法性，但這只是一種方便安立而已，他畢竟是為顯究竟勝義的。如印順法師說：「法界、真如無差別，無變異，是非淨非不淨（也可說非染非不染），沒有淨不淨可說的。清淨是對雜染說的，真如是前後一如，本來如此，實在無所謂清淨；不過從離客塵雜染所顯來說，真如也可說非不淨的。」《如來藏之研究》，CBETA, Y39, no. 37, p. 198a6-8。

〔註75〕楊曾文：〈臨濟宗的門庭設施及其現代詮釋〉《兩岸當代禪學論文集（上）》（嘉義：南華大學宗教文化路究中心，2000年），頁199。

〔註76〕保羅、田立克（Paul Tillich 1886～1965）提出：「終極關懷」一說，認為「宗教信仰的原動力，在於吾人自覺到可以超越有限生命束縛的可能性，這就是一種終極關懷。」參考氏著，羅鶴年譯：《信仰的能力》（台南：教會公報，1999年），頁17。本文以「關懷」之面向，藉用西方宗教的詮釋，而禪的教法不必然是屬於宗教，想要徹底的解決眾生生命問題，禪的關懷則是療癒之道。

生動視覺意象，因為他們是根據悟後起修中使用它們，那些生活有趣的視覺意象，往往會成為禪師的教案工具，運用這種意象能力的習慣，作為一種技能的掌握，是完全可以發展。所以禪師運用意象展示公案時，參禪者注意力首要對象是那文字禪及其所產生的意義連結。

第三章　臨濟之「看話禪」與閱讀療癒

　　自古以來「書猶藥也」，禪宗公案亦如藥。今人或許沒有古代僧人參禪的定力或耐性，但透過公案文字般若的經常熏習，依然可以帶出某種療癒的效果。閱讀之樂乃自古人良示於前，故閱讀是自身調節的最佳方法。閱讀的認同、淨化、領悟功能可以直接影響讀者的精神狀況，陳書梅認為：「通過一系列的閱讀活動，可以帶來人心適度的刺激化、達到尊重與歸屬及自我成就，可穩定患者情緒，獲取醫療訊息、享受閱讀之樂，提高自身素養，從而輔助以治療癒疾病的目的。」〔註1〕因此，以閱讀作為一種輔助性的治療方式並非新觀念，而運用具情緒療癒效用之文字語言的資源，使讀者在閱讀的過程中與素材內容互動，進而能舒緩情緒壓力，以維護其精神層面之健康與身心之健全發展，「達到認同、淨化、領悟、暗示、平衡、共鳴……等原理。」〔註2〕，此即為「閱讀療法」之理論所在。

　　台灣閱讀療癒的倡導者陳書梅教授曾指導，在選擇情緒療癒讀本時，可以考慮到四項要素，包括：「1. 應清楚交待情節的因果發展；2. 主角以確切可行的方法解決問題；3. 易於辨識主角的表情；4. 兼顧繪本的文學性與功能性。」〔註3〕情緒表達並非與生俱來的能力，需要輔以鷹架協助。本文則嘗試採閱讀療法中「認同」（Identification）、「淨化」（Catharsis）及「領悟」（Insight）等三項理論，用來解釋療癒對話的運作，並與禪宗公案的看話禪進行對話。

〔註1〕陳書梅，〈閱讀與情緒療癒——淺談書目療法〉《全國新書資訊月刊》，頁5。
〔註2〕湛佑祥、陳界、劉傳和、夏旭等編著，《閱讀療法理論與實踐》頁64～65。
〔註3〕陳書梅教授主持：「邁向健康幸福人生：2017年書目療法服務圖書館實務經驗分享」論壇，於2017年5月18日。

第一節　無門慧開禪師與看話禪

　　無門慧開（1183～1260），俗姓梁、字無門，南宋浙江杭州人。為南嶽下十八世，臨濟宗楊岐派，其發展出「看話禪」理論，常奉詔為宋理宗說法，曾因祈雨應驗而獲賜金襴法衣並敕封「佛眼禪師」〔註4〕，著有《無門慧開禪師語錄》、《無門關》等。其公案的語言文字，以「看話禪」為思路聚焦在生命形而上的參考點，故而也產生了相同的療效。

一、無門慧開禪師的開悟過程

　　無門慧開禪師參投月林於蘇之萬壽崇觀的座下參學。林師曾教他看「無」字話頭，慧開依教用功，苦苦參究了六年，可是仍然無所入處，便奮志發誓道：「若去睡眠，爛卻我身！」從此以後，慧開禪師便夜不倒單，晝夜六時，精勤不息。有時實在是太困頓了，他就在廊下經行，或者用頭去磕碰露柱，以此來驅趕睡魔。後來有一天，慧開禪師在法座邊用功，忽然響起齋鼓的聲音，他豁然大悟，遂作偈曰：「青天白日一聲雷，大地群生眼豁開。萬象森羅齊稽首，須彌蹦跳舞三臺。」第二天，慧開便入室向月林禪師通報了自己的證悟成果。

　　月林禪師連忙截住道：「何處見神見鬼了也？」慧開禪師便大喝一聲，月林禪師亦大喝一聲，慧開禪師於是再大喝一聲，月林禪師終於點頭印可。從此以後，無門慧開禪師乃機用大發，慧辯無礙。〔註5〕南宋理宗淳佑六年，慧開禪師奉旨開法於護國仁皇寺。慧開禪師的平生悟處是從無字得手的，所以，他出山後，大弘「無」字法門，稱之為「無門關」。

〔註4〕《無門慧開禪師語錄》卷2：「謝佛眼師號。皇恩頒自九重城，雨露纏霑艸木榮；佛祖門庭增瑞氣，四海懽呼萬歲聲。忠心護國成勳業，君父開臣佛眼睛；壽山福海恩難報，永日寥寥賀太平。」CBETA, X69, no. 1355, pp. 365c23-366a2 // Z 2：25, p. 262b3-6 // R120, p. 523b3-6。

〔註5〕《五燈會元續略》卷2：「杭州梁氏子。參月林。看無字話六年無省。乃奮志尅責誓曰。若去睡眠爛却我身。一日在法座邊立，忽聞齋鼓聲有省。偈曰：青天白日一聲雷，大地羣生眼豁開；萬象森羅齊稽首，須彌踍跳舞三臺。次日入室欲通所得。林遽曰：何處見神見鬼了也？師便喝，林亦喝，師又喝，自此機語脗合。淳祐六年奉旨開山護國仁王寺。上堂：是非長知耳邊風，切莫於中覓異同。要得八風吹不動，放教心地等虛空。慈雲老人只解順水張帆不能逆風把柁。黃龍又且不然，是非都去了，是非裏薦取，何故聻？幾度黑風翻大浪，未曾聞道釣舟傾。屬歲大旱，宋理宗召師祈雨，還而默坐，帝遣內侍問之，師曰寂然不動感而後通，既而大雨，賜號佛眼禪師。」CBETA, X80, no. 1566, pp. 479c18-480a6 // Z 2B：11, p. 453c10-d4 // R138, p. 906a10-b4。

慧開禪師在《無門關》一書中，收錄了四十八則著名公案。〔註6〕慧開禪師晚年，倦於槌拂，於西湖邊卓庵隱居。雖然如是，前來參學者猶眾。禪師以公案的反省，提供生命的意義的整全，告訴人們放下對立面的思緒，就病與與生命的合一本質，只有透過對立面的結合才能達到合一，讓心性從「二選一」的現象，轉變成「兩者同時」，而「一件事接著另一件事」的需要，也能成為「每一件事都同時發生」，這就是臨濟禪的「不二」思想，也是慧開的意境。閱讀公案的文字，知疾病的產生乃是一種不健全的生命呈現，而療癒的意思必然代表更接近完整，透過禪師的引導讓人們更趨近生命的真實，是一種詩性的閱讀。其無門關的主要理論乃承繼宗杲的說法以無門、疑頭、看話等為入手處。

二、《無門關》的參禪理論

《無門關》是禪宗的門庭中常用的教本，是一本較為單純的書，其中「公案」只有四十八則，且都出於慧開一人之手，它的組織亦頗為簡單，每個案例之後只附一篇散文和一首偈頌的評述。如「佛語心為宗，無門為法門。」〔註7〕佛語心者，即心即佛，說明佛陀的言教，以真心為宗要，每種說法，句句都是從清淨的心性中流露出來的，又無門為法門者，達性本空，更無一法，性無有相，所以也就沒有無有門做為出入。將「看話禪」理論列述如下：

（一）無門為法門

自繼承宗杲以來所倡導的「看話禪」，後又加入慧開的推廣，成為叢林禪學與士大夫禪學相結合的典範。經過慧開與其周圍士大夫的努力，禪學滲透到社會生活各個領域，而士大夫禪學也成為禪宗不可或缺的重要組成部分。禪學到了明清之際，除了增加淨土思想，卻更具入世色彩外，基本上是沿襲宗杲看話禪傳統，是禪師為學者開出的特殊心靈陶冶，所以他不可能有任何進展階級位次的過程，從這個意義上說，宗杲而後慧開的禪思乃接續一種有創造性的禪風系統。

既然是無門之關，那要怎樣才能透過，通過呢？無門是如何進入？「無」的法門，也就是如何開悟、如何明心見性的法門。「既是無門，且作麼生透，

〔註6〕《無門關》:「慧開紹定戊子夏，首眾於東嘉龍翔，因衲子請益，遂將古人公案，作敲門瓦子，隨機引導學者，竟爾抄錄，不覺成集。初不以前後敘列，共成四十八則，通曰無門關。」CBETA, T48, no. 2005, p. 292b16-19。

〔註7〕《無門關》:「佛語心為宗。無門為法門。」CBETA, T48, no. 2005, p. 292b12。

豈不見道，從門入者，不是家珍。」〔註8〕對於體會禪的真理，不是從外面進來的，也就是不是靠外在的學習，外在學來的看不見自家裡最珍藏的寶貝，凡是人為的見解、學問、理論，都不是真正屬於自己內在的珍寶。鈴木大拙說：「禪的這一面叫做『建立面』，而它的『掃蕩面』的相對。禪是完全承認在參禪者的心靈進展中可有不同的層次，因為禪的真理係在參者的心中逐漸展示，直到徹底『見性』而已。」〔註9〕故要想登入室，是沒有現成的門可循，即使有條便道，也只能稱為方便權宜的法門，那就是慧開所要講的「無門之門」，實為看話的本路。

參禪者若是隨著緣份才得到的，最後還是會因緣盡而失卻，所以通過種種方法手段得來的成就，最初得到的時候雖然暫時擁有，但最終還是會失去。正如慧開所說：「從緣得者，始終成壞。恁麼說話，大似無風起浪，好肉剜瘡，何況滯言句？覓解會，掉棒打月，隔靴爬癢，有甚交涉？」〔註10〕這就是說，單靠文字、話語來參禪是沒法入門的。更何況是停留在對文字表面意思的理解，而不能體會文字背後的真義，只是在道理的層面得到知識的理解和認識。這跟開悟，一點關係也沒有。所謂「見性成佛」，似已成為禪宗的口號，但這個「見」，既不是來自博學，也不是來自冥想，更不是來自於佛陀的恩賜，而是出於禪師為弟子們開出的心靈處方，故「見性」是當下完成的一種事情。

在慧開的生活年代，面對公案禪、文字禪的流弊日益熾盛，臨濟的宗風正在衰敗，他要重新回頭，強調禪宗的本宗，無之一字不能不知。其願學禪者不可矯枉過正，需挽回叢林的頹靡之勢。慧開的看話禪是從公案禪中脫胎出來的，與公案禪是千絲萬縷的聯繫，他並不一概的反對參究公案，因為參公案作為接引初機的方便是有其價值和意義的，只是其中需要有的個疑處。

（二）佛語心為宗

看話禪就是觀心，告知人本來面目就是從心去看，看父母未生以前的本來面目就是觀心，故云：「佛語心為宗」，即看話禪就是要觀這個「心」。參這「心」是什麼，對「心」這一問發起疑情。慧開禪師也引用宗杲的悟處，認為參禪要在這有疑難的地方追究下去，看這話到底由那裡而來，當時的「心」是什麼的樣子，都要微微細細地去反照，去審察，這就是以我們一向向外馳求的心回轉

〔註8〕《無門關》（CBETA, T48, no. 2005, p. 292b12-13。
〔註9〕鈴木大拙著，徐進夫譯：《開悟第一》（台北：志文出版社，1991 年），頁 328。
〔註10〕《無門關》CBETA, T48, no. 2005, p. 292b13-16。

來反觀，以達到反聞自性而得到開悟。參禪要生死心切，即使想睡覺也要去撞個柱子，好讓自己不掉落生死之淵。故慧開對宗教實踐和對心的解脫而言，它確實比較托近「頓悟」的方法，他也比較接近六祖時代的禪宗精神，它所標榜的是以心傳心。

慧開禪師重視宗教實踐，但並不主張遁跡山林、苦修苦行，也反對呼吸數息、四禪八定等繁瑣的禪法與修持方式，更不要去求心澄寂的說法，如云：「外道魔軍，存心澄寂。默照邪禪，恣意忘緣。墮落深坑，惺惺不昧。」〔註11〕他強調心的解脫，但不不對人心作邏輯的分析，也反對對心性有任何執著，可以說與宗杲的理論相和，然而他更喜歡直截根源，明明白白的，不落昏沉，不落掉舉，達至開悟。他說對話頭的表達，就好像萬緒頭中抓出一根絲線，對於二元性的困難，慧開的方法類似「多即是一」，如慧開云：「通身起箇疑團，參箇無字，晝夜提撕，莫作虛無會，莫作有無會。」〔註12〕對於世間改化不斷的時候，有個不變的東西，鈴木大拙所謂：「變化即是存在」〔註13〕，那個東西是疑團和這個東西是線，這其中有一條連繫，人必須從毛團之中抓著一條線，不要去理會有無對立的問題，抓著線不放，直至通達為止，目的是在以一心抵萬念。他用公案之例，乃是在強調參禪時，要不得的禪病如空亡無記，坐著求靜中卻把話頭亡失去，他要我們時時刻刻，都要把一句話頭，靈明不昧，了了常知的，行也如是，坐也如是的「置心一處」〔註14〕。他要參禪初用功的人要先認清一切唯「心」，心是成佛作祖的根本，心也是六道輪迴的源頭，抓住心才能不為妄想遷流，則妄想就不會成為阻礙。如《無門慧開禪師語錄》卷2：「參禪一著，要敵生死，不是說了便休。」〔註15〕當知道了下手處，就要精進猛往，切不可鬆懈，要痛念生死，如救頭燃，這才是參禪之道。

（三）參透「無」的公案

道是無形無相、無處不在，言語道斷，心行滅處，又八識緣不到者。因

〔註11〕《無門關》CBETA, T48, no. 2005, p. 299a29-b2。

〔註12〕《無門關》CBETA, T48, no. 2005, p. 293a3-4。

〔註13〕鈴木大拙：《禪天禪地》（台北：志文出版社，1986年），頁66。

〔註14〕《禪林寶訓筆說》卷1：「謂學道人，只要一念真誠，置心一處，遲之久遠亦勿退怯，他時後日自然徹底掀翻，必知妙道之所在也。」CBETA, X64, no. 1266, p. 644a15-17 // Z 2：18, p. 330b5-7 // R113, p. 659b5-7。

〔註15〕《無門慧開禪師語錄》卷2，CBETA, X69, no. 1355, p. 363c11 // Z 2：25, p. 260a9 // R120, p. 519a9。

此要想明心見性，沒有門路可循，所有心意識思維，都不能契入。故頌曰：「大道無門，千差有路；透得此關，乾坤獨步。」「大道無門」是指頓悟的法門，是沒有門路可循。無門之門，不能以世法契入。但萬法唯心所現，道在一切萬法之內。唯有去除妄想、分別、執著，心清淨，達到無念、一念不生，泯滅世間一切分別知見，才能與萬物合為一體，才能見性，觸目皆道。很多時候，禪者窮盡心力，耗盡一切辦法，就是無法有所突破；忽然於無意中，因為一句話、一個聲音、一陣風或一個閃過的念頭，就找到了出路，豁然開悟。

慧開學宗杲教學人拈提參究趙州「無」字，而且其通篇公案都是繞著「無」這個主題來展開論述。如宗杲所說：「若透得箇無字，一時透過，不著問人。若一向問人，佛語又如何？祖語又如何？諸方老宿語又如何？永劫無有悟時也。」〔註16〕這當中公案禪與看話禪的區別在於：1. 有心參與無心參，2. 參活句與參死句，3. 親證親悟與多知多解。如所出的言句皆並非從胸襟中流出，又不是由修證而得的現量，這都是死句，而不是活句。看話禪是將參禪視為生學之學，看話禪是重在生活當下，看話禪是隨時要戰鬥，必須提高警覺。

從慧開禪師的門下弟子的記錄，也可知道其對參禪的重視，而其參禪其實就是參「無」。如無門云：「參禪一著，單明大道，朝聞夕死可矣。參禪一著，推門落臼，切忌向外馳求。參禪一著，要起疑情，大疑必有大悟。參禪一著，英靈衲子，舉起便知落處。參禪一著，本來面目，經文語錄難載。參禪一著，直指人心，貴要自肯承當。參禪一著，如敵萬人，怯戰喪身失命。參禪一著，如貓捕鼠，不許移睛動眼。參禪一著，大丈夫事，非將相所能為。」〔註17〕可知慧開對參禪的重視，以「無」為標的，勢在必為，又超乎生死。

綜上述慧開的「看話禪」側重在「定慧等學」中的「慧學」，而與當時的「默照禪」側重在「定學」上，兩家在方法上的不同，但「默照禪」都為宗杲與慧開所駁斥。禪宗大德，臨門一腳，截斷萬流，讓參禪者處於當下一念的境界，就頓悟見到本性了，見性之後，就萬德具備，無所不知，無所不能、無所生死。

〔註16〕《大慧普覺禪師語錄》卷 28，CBETA, T47, no. 1998A, p. 930a22-24。
〔註17〕《無門慧開禪師語錄》卷 2，CBETA, X69, no. 1355, p. 363c11-18 // Z 2：25, p. 260a9-16 // R120, p. 519a9-16。

第二節 看話禪與「認同」療癒

　　人們在觀察外部世界時，總是事先在腦海中形成一個期待之視域，有意無意地將作品中人物的特徵、經驗、情感等和自己的經驗預設性相對照，如能找到吻合之處則發生強烈的認同和共振，從而獲得感情等方面的支持，因而讀者可以從焦慮不安中解脫出來，這就是閱讀療法中的「認同」。這種體驗經常發生在閱讀過程中，正如湛祐祥說：「換一種抽象的說法，任何作品都是相互對立的內部精神力量的結晶，是若干衝突力量的和諧與一致，與夢境、神經症之類的精神病理學的行為相似。」〔註18〕寫作的人將未完成的期望付諸文字而獲得滿足，並通過作品將這種愉快，傳達給後來同樣未滿足期望的讀者。

　　閱讀原本即為人們日常生活的一部分，透過閱讀適當之圖書資訊資源可協助情緒混亂者舒緩心理壓力，尤其在遭逢重大天然災害時，圖書資訊資源更是人們最佳之「心靈處方箋」，因其可協助遭逢不同挫折之民眾，藉由與素材之互動，使讀者在終身學習社會中能有效率地取得所需知識，同時亦能減輕個人之心理壓力並解決自身問題，進而達到良好的社會適應。閱讀療法之心理學理論中，流派眾多，體系也各異，然而從不同的心理學家觀點去解釋閱讀療法的作用機轉，都能得到共同合理的答案。

　　佛教各宗都將人的精神發展分為許多位階，並堅持行者必須一一通過這些階段，才能徹底將人內在的病根去除，如此才可達到佛教修行的頂點，而要達到這頂點甚至要久至三大阿僧祇劫。然而禪宗不僅不理會這樣的說法，禪師明確地宣稱，一個人一旦澈見了自己的根本自性，當下就成了像佛一般的大覺悟者，不必經過無有了期的生死輪迴。鈴木大拙則認為：「打從菩提達摩於西元第六世紀自印度東來之後，禪一直都是最為特別的教義之一。」〔註19〕特別在於他即是修行、是療癒、是教育、也是生活。

一、以般若為藥

　　以「看話禪」與「閱讀治療」的交涉中，公案是觀照與文字般若的妙用，帶出其對禪有獨一無二的治療的效果，如慧開禪師說：

> 靈山密付，黃葉止啼，少室親傳，望梅止渴，乃至德山棒，臨濟喝，
> 雪峰輥毬，道吾舞笏，祕魔擎叉，禾山打鼓，清原垂足，天龍豎指，

〔註18〕湛祐祥、陳界、劉傳和、夏旭等編著，《閱讀療法理論與實踐》，頁65。
〔註19〕鈴木大拙；《開悟第一》（台北：志文出版，1991年），頁124。

盡是弄猢猻底閑家具，到者裏總用不著。雖然如是，事無一向，不
免隨例開箇皂角生姜鋪子，兄弟上門要買人參、附子、甘艸、大黃
決定是無；砒霜、巴豆、燈心、發燭隨宜應副。〔註20〕。

慧開禪師自己就認為是在開藥鋪，不管人有任何病情，他提供了些許的藥，平
常的藥都可以隨宜應付，方便施給。但他卻又強調，特別有提供某些猛藥，這
些藥沒有硬底身的人，切勿亂服，必須按照他說的方法。慧開已經承認自己是
一名治療師，任何病情來到他這裡都有相應的藥物可以對治。然而他所提供的
公案只是啟悟的手段，掌握公案並不是修行的目的，依以證悟得癒，就可以拋
開公案，就如同疾病痊癒了，良藥也可以拋棄一樣。可知慧開對於公案的理解，
始終貫徹於《無門關》一書。故以其「公案」來閱讀而產生療癒，即以不同玄
理妙智的色彩文字，讓病人獨自閱讀、寫詩或在心理醫生的指導下集體誦讀，
通過認同、淨化、娛樂和領悟等作用，消除患者的不良情緒或心理障礙，是一
種提高心身健康質量的心理治療方法。

「看話禪」認為上天早將對應各種病情的智慧賦予人，但是病相仍那麼
多，這並不是智者無方，而是人不願意去放下與回歸。鄭振煌說：「**我認為如
果要對禪做最簡單的定義，則禪是赤裸裸的心性。**」〔註21〕禪家能開展出驚天
動地的妙智，但是卻沒有辦法去強迫人人一定可見到心性，所以一個懂得內心
探索的禪師，他必須循序漸進慢慢地將德般若融入們的生活之中，不讓人有所
不悅的感覺，否則人們可能會痛感因而揚棄禪；他必須是大而化的用各種方式
讓人感受，直到人適應；而且他可能選擇以不說的方式來說，不會讓人以為禪
太過高妙，從而產生嫌惡，甚且格格不入。

二、狗子的佛性

禪就是一切的方法，禪是每一個當下，這是禪唯一表達的方式，禪永遠只
是開啟圓善的空，大自然也是天地之禪，禪就是所有的生命存在，本真之美善
就是禪家令人可以「認同」療癒的原理。如「趙州狗子」云：

趙州和尚因僧問：「狗子還有佛性也無？」州云：「無。」

無門曰：參禪須透祖師關，妙悟要窮心路絕。祖關不透，心路不絕，

〔註20〕《無門慧開禪師語錄》卷2：CBETA, X69, no. 1355, p. 362a7-8 // Z 2：25, p.
258b11-12 // R120, p. 515b11-12。

〔註21〕鄭振煌：《鈴木大拙禪學入門》（台北：商周文化，2016年），專文推薦頁13。

盡是依草附木精靈！且道：如何是祖師關？只者一箇『無』字，乃宗門一關也。遂目之曰：『禪宗無門關。』透得過者，非但親見趙州，便可與歷代祖師，把手共行，眉毛廝結，同一眼見，同一耳聞，豈不慶快。莫有要透關底麼？將三百六十骨節，八萬四千毫竅，通身起箇疑團，參箇無字，晝夜提撕，莫作虛無會，莫作有無會，如吞了箇熱鐵丸相似，吐又吐不出，蕩盡從前惡知惡覺，久久純熟，自然內外打成一片，如啞子得夢，只許自知，驀然打發，驚天動地，如奪得關將軍大刀入手，逢佛殺佛，逢祖殺祖，於生死岸頭，得大自在，向六道四生中，遊戲三昧，且作麼生提撕，盡平生氣力，舉箇無字，若不間斷好，似法燭一點便著。

頌曰：狗子佛性，全提正令；纔涉有無，喪身失命。〔註22〕

歷來的禪師設下各種關卡，要人直取心路，不要依靠什麼事物。天下事最簡單的，具有最多可能性，如此反而被喜歡花俏的人類頭腦搞得變成最複雜。無門禪師指出不要分析「無」這個字的意義。大慧宗杲禪師對此公案提「八個不得」，指導如何參究此公案，為後代參禪者的準則，如「趙州的無字」釋云：

僧問趙州，狗子還有佛性也無？州云無。此一字子，乃是摧許多惡知惡覺底器仗也。不得作有無會，不得作道理會，不得向意根下思量卜度，不得向揚眉瞬目處操根，不得向語路上作活計，不得颺在無事甲裏，不得向舉起處承當，不得向文字中引證。但向十二時中四威儀內，時時提撕，時時舉覺，狗子還有佛性也無。〔註23〕

這八個「不」，就是不離日用尋常，如果離開日用別有趣向，就如同離波求水。離器求金，越求越愈遠。禪師揭露冥笈中修行的經驗，勾勒現實的樣貌，進而省思存在的意義與價值。禪家採取當下的、不執的、審察的態度，以語言否定各種現象，其實乃寄寓妙理的普遍意義，從境界隱喻著心靈絕對的真實。禪的行為是從人生的洞察、語言的開創、表達的奇妙，以「無」的展開來化解一切桎梏，達至心之自由。在此話頭上，從觀行、匯聚、靜心等面向，開出意義之慰藉，禪要人們以無來回歸，禪家不作避世、不離日常，讓參禪者達到「認同」的效果。

〔註22〕 無門慧開：《無門關》，CBETA, T48, no. 2005, p. 293a12-14。慧開禪師以大慧宗杲的「看話禪」理論來評論，與其他學者得公案思路不一樣。以下公案的引用準此版本。

〔註23〕 宗杲禪師：《大慧普覺禪師語錄》卷26，CBETA, T47, no. 1998A, p. 921c7-19。

　　禪宗的終極關懷是「明心見性」，正如眾生問「我是誰」？宗旨在尋找萬事萬物的「本相」，但禪本相卻不是永恆、絕對、無所不在的，禪家一再強調自我不可取，是屬於「無」的！對於無才是屬於明心見性，才是禪家的「認同」，禪師要給人一種在世又出世的認同，是世俗諦與第一義諦的合一，他們在從乎流俗而洞見出現時的需要，這正是「狗子佛性，全提正令」。此公案宣示了禪的令式，即人經由公案的審視，使得禪因而開顯，禪經由人的體會而落實於經之間，公案也因為人的審視而使得能夠歷久彌新，一直面對到當下的存在情境，而彰顯出它的意義。對「無」的提撕，是深層生命內涵的轉化，心必須回歸那的自在自得、自然而然的「無」，此時透過公案的詩性洗禮可以回歸此境界。

　　看「趙州狗子」典故，不只是在形式上說，進而入本質上說，盛言其「無」，全體皆涵攝在其中，這似是一種詭辭的言論，然而也創造了各種可能性。禪家透過了語言，認為談說事物之「有」被人所強調，以致於一般大眾就此忽略了「無」，而忽略了事物真正存在兩面，甚至多面的價值。所以禪師強調「無」，就是希望人們有開闊的胸襟，不再狹隘的只注意事物的其中一面，而領會出以宏觀，多元角度視事的能力，進而打破名言的侷限，向事物的真實狀態，真正偉大的禪境。鈴木說：「我是我，你是你，而我又是佚，你又是我。萬象世界的自然並沒有被忽視，而人做為面對萬象牽界的主體，卻仍舊意識到他自己。」〔註24〕即闡明事物間雖矛盾對立，但卻有相互依存、相互轉化等關係的一個思維模式，人要認同以「無」來看待一切，沒有分別、沒有著執。有別於相對概念，在閱讀公案時，要多注意言語法則和指要、表象和內涵，從人的感知能力，注意禪師所表達的角度來看話，漸漸可進入禪境。類似的公案中又如〈達磨安心〉、〈巖喚主人〉、〈兜率三關〉等，也都有異曲同功之妙。

　　看話禪的公案裡，其實關聯到人生存在的問題，寄寓著一種「存在的呼應」，人們面對的時代變局，無門以「無」來「認同」，即認同自己的真主人，從具體、實存的事物，往上提升到一個抽象的、普遍的原則，而這個抽象的、普遍的原則，也是同時到那個禪的具體境域裡，那就是一種「三昧」。洪修平說：「清淨的自性、人性，主要是指眾生之心念念不起妄心執著的本性，一般並不具有什麼實體的意義。」〔註25〕這裡強調「無」的心，是指將真心與妄心

〔註24〕鈴木大拙：《禪學隨筆》（台北：志文出版，1990年），頁220。
〔註25〕洪修平：《中國禪學思想史》（台北：文津出版，1998年），頁178。

本質上其實是一回事,這是原自六祖以來雖以自心、自性來確立眾生自身的價值,但也都是「不二之法」的角度去加以發揮,對故認同了「無」,人生不論從哪裡得病,公案能重新開啟那內在的生命,人們從公案中汲取禪的智慧。

第三節 看化禪與「淨化」療癒

閱讀治療中的「淨化」,主要是指讀者在欣賞作品時,與作品中的人物發生了心靈契合和溝通,情緒得以調節和慰藉,進入了有所排遣、有所糾正和有所升華的情感狀態。淨化的概念,最早見諸於亞理斯多德的《政治學》,他認為音樂能給人帶來不同程度上的激動,使人受到淨化,心理產生一種輕鬆舒暢的安全、無疑的快感。後來亞氏在《詩學》中,論述悲劇對觀眾的影響時,他又強調悲引起的哀憐與恐懼,可以導致觀眾情緒的淨化。佛洛伊德學派把淨化和精神結構學說聯繫起來,以為讀者在作者設定的情景中體驗恐懼和悲痛時,內心的焦慮就被導向外部,並通過把劇情的主人公當做自己而受到淨化。當人們日復一日從事某項工作,為事業付出了相當的代價,然而卻沒能得到雲期的回報,有時不僅得不到社會的承認,反而受到了不公正的評價和待遇,這時候,人們往往會感到冤屈、憤怒、失望,終日鬱鬱寡歡,直到有一天受不了、抗不住時,即病倒了。

這種心理的變化也經常發生在閱讀過程中,讀完一段劇情或公案時,其效果有時不亞於住院治療,讀者會順著情節的發展追隨主人公走完他的心路歷程,會同他一起徬徨、思考、忍受、抗爭、求生、毀滅,同時還會以旁觀者的身份思索悲劇產生的根源,怨恨其愚、怒其貪、怨其執著,最後曲終合卷,撫書而嘆,繼而豁然覺醒:人生原本不就是如此清徹、簡單麼?為什麼要揹負那流多不必要的負擔?這種感悟落實到生活當中,就能脫離作繭自縛、自我加壓的狀態,致閱讀療法,有病時有利於康復,無病時有利於預防。

一、忘卻一切

禪家「淨化」的原則是讓心歸零,讓人回歸到最元始的狀態。人類的生活就像一台機器,運行久了便會產生失調偏亂的現象,人因而堆積一堆外來的情緒,公案能使人心情歸零,釋放可能成為病源的思想或情緒垃圾,致身體繼續健康自在的運作。鈴木大拙說:「禪打開人的心眼而得見那周行不息的偉大奧秘;而一切靈性的造就皆不假任何教義,而是直指那蘊藏在我們自性

的真理。」〔註26〕禪家所要對治的就是教人「忘」——忘卻一切，如「鐘聲七條」云：

> 雲門曰：世界恁麼廣闊，因甚向鐘聲裏披七條？
>
> 無門曰：大凡參禪學道，切忌隨聲逐色，縱使聞聲悟道，見色明心，也是尋常。殊不知衲僧家，騎聲蓋色，頭頭上明，著著上妙。然雖如是，且道：聲來耳畔，耳往聲邊，直饒響寂雙忘，到此如何話會？若將耳聽應難會，眼處聞聲方始親！
>
> 頌曰：會則事同一家，不會萬別千差；不會事同一家，會則萬別千差。〔註27〕

披七條袈裟是用於禮誦、聽法、布薩等穿用，亦代表做一切的佛事。魏道儒則認為，其中暗含的另一層意思是：「這不是為聲音所驅使了嗎？這不是追逐了聲音嗎？」〔註28〕故慧開禪師則展開聲與色的評述：認為「隨聲逐色」可以是一種手段，但強調不要追逐聲色，不要為聲音和色相所驅使，讓聲色做為啟悟的手段，不是參禪人所要追逐的目的。但要有「騎聲蓋色」悟力，即在一事一物上證悟理體，明見妙用，直到超越越動靜、有聲和無聲，終達「響寂雙亡」。然而這樣的境界是無法用語言來描述，所以只有悟透主客的彼此，只有用眼睛去聽聲音就沒有動靜的分別，故要超越兩極對立，去直接證悟空性，故鈴木大拙說：「儘管禪宗累積了許多形式、習慣和附會，但它是核心事實卻始終生機盎然。此即禪的殊勝之處，鄉們可以不偏不倚地觀照究竟實相。」〔註29〕公案以不合邏輯的文字去觀看實相，那就是「眼處聞聲方始親」，是為「看話」的本色。

　　禪家使用的角度廣泛，可以說是思慮的圓熟或複雜，許多句子屬於平行概念，沒有進一步解說，可以說是一種簡要的語句，但是文意較為模糊；使用了大量對反或落差的描述，使理論充滿詭辭詩意的美感。其觀念和世俗相反，可以說是向前推出了一步，但是若從語句上看，不留餘地的說法無論正或反，都可能為假，而保留餘地的用「空」。慧開所述的公案，變為一種警語，讓人摸不著頭緒，人必須去參透，而對人的思慮有所啟發；另一方面，這也是禪師為了使人注意到事物的多面、名言或世俗的限制的一種別有用心。

〔註26〕鈴木大拙：《鈴木大拙禪學入門》，頁67。
〔註27〕《無門關》CBETA, T48, no. 2005, p. 295a11-22。
〔註28〕魏道儒：《禪宗無門關》（高雄：佛光文化，2009年），頁98。
〔註29〕鈴木大拙：《鈴木大拙禪學入門》，頁67。

二、回歸本來

　　人會發現正確的禪路，一切是非對待都消失了，達到了無物、無人、無死之境，更無生與死之境，如果有無常的刀斧在我頭頂上旋轉，我一點也不害怕，因為我很了然清楚，那一些都是虛幻，這就是對付黑暗、生死、無常的方法。正如心理學家大衛・里秋說：「心靈整體的中心即為『本質我』，是我們內在原型的整體，它能夠在自我的兩股相反力量之間創造持續的平衡。如本質我可以調和努力和不費力、傷害和寬恕、探制與臣服……。『本質我』可以進行這樣的調和工作，因為它完全是無條件的，是包羅萬物的愛。」〔註30〕禪的本質也有這樣的功能，祂既肯定又否定，祂可以調和生活與真理、祂化解了世俗與第一義之的衝突，看了公案的語言文字，常讓人達到「回歸」、「解蔽」以至「淨化」的效果，也說明了「看話禪」的特色，公案若可以用語言表達的禪理，就不是永恆不變的常禪。又如：「香嚴上樹」云：

> 香嚴和尚云：如人上樹，口銜樹枝，手不攀枝，腳不踏樹。樹下有
> 人。問西來意，不對即違他所問，若對又喪身失命，正恁麼時，作
> 麼生對？
>
> 無門曰：縱有懸河之辨，總用不著。說得一大藏教，亦用不著。若
> 向者裏對得著，活却從前死路頭，死却從前活路頭。其或未然，直
> 待當來，問彌勒。
>
> 頌曰：香嚴真杜撰，惡毒無盡限；啞却衲僧口，通身迸鬼眼。〔註31〕

顯然公案有一種企圖，欲告知吾人以「空」。在可禪與不可禪之間，公案的語言呈現了一種特殊的模式，這個模式就是「杜撰」，以「反」的方式去言說那不可言說的禪。心不受外來干擾，就叫作虛心。心不追逐外物，就叫作安心。鈴木大拙說：「禪不得訴諸否定的方式，因為我們本有的無明，如濕衣裏住身體一般地纏縛心識。『無明』是邏輯二元論的另一個名字。」〔註32〕為了安撫心靈，禪師不得不杜撰了一個故事，為了讓人跳離二元對立、跳離邏輯，讓人探萬物的真理，故必須回到一個原點地觀照，使得心靈既安定又虛靜，那麼就進入了「空」，禪就自然會棲止於心間。

〔註30〕大衛・里秋：《回歸真我——心靈與靈性的整合指南》（台北：啟示出版，2012
　　　　年），頁35。
〔註31〕《無門關》，CBETA, T48, no. 2005, p. 293c1-11。
〔註32〕鈴木大拙：《鈴木大拙禪學入門》，頁78。

　　禪師的用心，其強調「無」的作用，實與不同於諸種拈提評唱的公案不同。以無讓人清楚自覺的佛性，聽見無會讓人聯想到一切都虛空的狀態，但絕不是虛空。禪師了解世間的一切皆無常，人們只會被眼睛所看、耳朵所聞的一切所執著，認定那是永久存在，為要排除眼前的著執之心，禪師以「無」來破其有，但有時又可能改稱「有」，目的在於防止人們誤解人生是一場空，故當禪師言「無」，會相反的言「有」，是之為奪。其全書雖都具備這種辯破的智慧與指授，人能把這對立的打成一片，這就是超越，達到解脫之境。故其中「胡子無鬚」、「世尊拈花」、「非風非幡」、「非心非佛」、「芭蕉拄杖」等也有異曲同功之妙。

　　當人擁有語言，而語言是相當便利的工具，隨時用它來表達給別人知道，故語言在人類的世界是相當重要。但禪時卻提醒人，有時語言如一惡魔般的存在，隨口的一句話而引發喧然大波，甚至天下動亂，也是史有可聞。禪師會不斷的產生各種語詞出來，這些語詞都是為了，化解人在大腦中造成的既定根念而產生。為了去奪這樣的手段，所以禪形成了公案。當人能想到這句話之前的話是什麼？這是一種假定的說法等技巧，能達成真正不執著於任何事物，只有自己能打開心門，才與外在打成一片達到「淨化」，這就是禪者的自由心。

　　禪歷來被認為療育與療癒的關鍵，在於保持內心的安適與虛靜。觀看塵世中人，自有生以來受到外界的各種影響、干擾乃至誘惑，就有了所謂的主觀意識和形形色色的欲望、追求，此中相當一部分是有悖於禪，它往往會形成人的心理扭曲，給人們帶來無盡的煩惱。禪師要人省觀包括形體和會聽會看的小我，融入自然。解脫聲色和心智所造成的遮障，以及由「智慮」所造成的諸多煩惱，真正進入「禪」的不受拘限、擺脫束縛。如鈴木大拙說：「**禪非常厭任何形式，因為它會斲傷生命。**」〔註33〕鄙棄你的聲色，拋卻機巧與聰慧，連同那些真偽難辯的理論與身外之物，一並忘卻，同那混沌蒼茫的自然之氣混同一體，釋放精神，使自己渾然處於連魂魄也不知所在的境地，細細品讀公案帶引，漸漸進入忘的進一步詮釋，進而達到「淨化」的目的。

　　從文明來看，語言既是人類心靈的豐富表現形式，同時人也可能限於片面的語言符號形式的操作，而使思想與文明僵滯。人們的理解是要求世人從自我的內心深處自覺地解脫與自然本性無關的諸多精神上的煩惱。禪的遍在性，乃本來是表達那不說之說之「最終的語言」，是神聖、高貴與美善的，是「會則事同一家」；但透過了流行，禪就會慢慢地變質，是「不會萬別千差」。而「禪」

─────────────────────

〔註33〕鈴木大拙：《鈴木大拙禪學入門》，頁108。

則是懷著一顆透明澄澈的心，以求看禪上的升華，最終達到「遊戲三昧」、「響寂雙亡」的至高境界。

第四節　看話禪與「領悟」療癒

　　閱讀上的領悟，是讀者在經過認同、淨化之後，對欣賞對象深層意蘊的追問和思索，這追問和思索就叫是一種「悟」，一旦悟有所得，人就彷彿覺得突然之間被智慧的靈光所籠罩，頓時感到生命得到了飛躍，人格境界得到了昇華，有一種豁然開朗，大徹大悟的喜悅。

　　一般人認為「認同」、「淨化」等是閱讀或是審美的心理活動，但是並非所有的讀物都能夠給人帶來「領悟」。因為只有那些富含生命哲理的作品，才能引起導讀者追問生命中最基本的問題，也不是所有的讀者在閱讀同一件作品時都能達到領悟的境界，只有少數富真性情、勤思考的讀者才能達到「領悟」。更多讀者的閱讀，都是在認同或淨化的作用，故相對地說，閱讀療法的效果也以「領悟」為最大、淨化次之、認同又次之。

　　看話禪的領悟雖與心理學家所說的領悟不太一致，但有所「領悟」仍可以表達某一種心境。禪乃教人放下欲求、空掉頭腦，回歸最純粹赤子的真性，也只有「空」或「無」，這一切才可能發生。沒有頓漸之別，只要能自無念、無相、無住為禪的宗旨，禪師反對執著佛性或清淨心，以這心都是人的心意識之念，他提倡的參渚或要追求的解萬，也就是不排除任何思慮的心，也是不斷繞心念與道相冥契，是成念不不住、念念相續，無著無縛、任心自運的思想，此六祖以來所調的心，是從人生歷練出來的，是從生死情境裡體悟出來，正所謂：「大死一番、再活現成」〔註34〕。

一、放手即得

　　從死裡面復活，正是慧開所說的看禪，正如鈴木大拙說：「表面上禪是否定的，但是它也總是舉示那本來就在我們眼前的東西，如果我們沒有自己去看，那麼是我們的不對。很多被無明遮翳心眼的人們對它視而不見。」〔註35〕人想要的就在這裡，但人必須去看它，再次回復那沒有思緒的狀態去看它。這

〔註34〕《佛果圜悟禪師碧巖錄》卷5：「須是大死一番，却活始得。」CBETA, T48, no. 2003, p. 179a10-11。

〔註35〕鈴木大拙：《鈴木大拙禪學入門》，頁79。

樣的禪理,非常簡單清楚,也非常容易理解,可是天下的眾生卻很難做得到。
這就是為什麼禪師曾說:「吾言甚易知、甚易行,而天下莫能知、莫能行。」
〔註36〕《無門關》的公案也是言簡易賅、不執文字,因為眾生一直被自己的習
性牽著走,堅持用自己的知見來理解各種真相,以管窺天,慢慢地知見說服他,
然而沒有所謂的真相,你的所見所聞就是真相,除此之外沒有真相。又如「外
道問佛」云:

> 世尊因外道問:「不問有言,不問無言。」
>
> 世尊據座。外道贊歎云:世尊大慈大悲,開我迷雲,令我得入。乃
> 具禮而去。阿難尋問佛:外道有何所證,贊歎而去?
>
> 世尊云:如世良馬,見鞭影而行。
>
> 無門曰:阿難乃佛弟子,宛不如外道見解,且道:外道與佛弟子,
> 相去多少?
>
> 頌曰:劍刃上行,冰稜上走;不涉階梯,懸崖撒手。〔註37〕

禪的真理,對於兩方面都不問,不向外追求,不執著於任何的兩個極端。此公
案以眾生的本性俱足,同時有著佛的智慧,故眾生是平等的,沒有高下內外之
分別,故外道與佛弟子本質上沒有差別。在日常生活中,人們處於「有言」的
情境,人們所貫注了語言的意義,喜怒哀樂就會依照「語言」的意思而表現出
來,而且習以為常地發作。有言其實是給人方便,那個現象是假的,影響也是
假,執著也是假的。生命本如赤子一般,只是人們忘了自己很天真。「無言」
一直都存在,不會出現又消失,也不會因苦難而受影響,但這裡強調「無言」
也要放下,識此「無」的存在是自然的現象,就像人的呼吸一樣,「有言無言
皆不問」,則從人從天真回到天真,這不是一件很自然的事嗎?人妙性本無,
沒有一法可得,一切覺悟了,本性顯現了,世間的象的言語只是表現心情,心
情已了了清楚,就是本來的「無」,只有禪才是真實不虛,那就是空的本質。

　　有言無言就像行走而「不涉階梯」與「懸崖撒手」,其實都可以繼續走下
去,只要能放下、回歸就達到了目的,所以外道何嘗不能問佛或學佛呢?邱敏
捷評論胡適對禪的說法云:「依鈴木大拙的觀點,禪必須從內在來領會,只有

〔註36〕此句乃引述《道德經》之語。德清:《憨山老人夢遊集》卷45:「故曰:吾言
　　　　甚易知,甚易行。天下莫能知,莫能行,而世之談二子(孔老)者,全不在自
　　　　己工夫體會。」CBETA, X73, no. 1456, p. 771b16-17 // Z 2:32, p. 414c1-2 //
　　　　R127, p. 828a1-2。

〔註37〕《無門關》,CBETA, T48, no. 2005, p. 297a21-b2。

在做過這種領會之後，才可以像胡適那般去研究禪的歷史外觀。在鈴木大拙看來，禪必須從內體證而非由外觀察，要想純粹透過歷史文獻探討，而契入禪的世界，或我們每個人『最內在的生命所生活於其中的禪』——是一條錯誤的道路。」〔註38〕事實上，語言不該影響人，無言也不該影響生命，參禪的人會以有修無、以無為有，把病症轉為健康，將無用變成「無用之用」則有益矣。〔註39〕本書中如〈平常是道〉、〈大力量人〉、〈離却語言〉、〈三座說法〉等皆引用到無言之言的關鍵處。

二、直指向上一路

有色與無色，也是皆立於中道，佛與凡夫都有自性，禪教人便不追求人為造作，不執著於好壞標準，而是從人物事之中找出一條不分別自己與別人的禪路，作為禪的法則。此乃形容禪體與修禪工夫相契的狀態。形上之禪乃是理性與行動的本源，這是以其形上意義統合生命之常，人以理性由本體而邁向實踐，兩者在生命意義中所呈現的差異，可以由禪予以融合為一。

禪師讓人開始發覺自己有某些自由，其實人一直擁有這些自由，但是因為此生多年來的習性，讓人沒有意識到。習氣就像圍繞在四周的黑暗，它讓人沒辦法意識到內在的自由；習氣創造出貧困的假相，而人其實一直都是富足的。習性創造夢想，但事實上人根本不需要任何東西，因為人所需要的一切以及可能需要的一切，早就已經賦予給你了。禪家要人向內在去找，從心靈裏先探望，從心性上用功夫，因為如來就在人的裡面。但因為習氣而有夢想和渴望，讓人從來不知禪要往內觀照，讓人不斷匆促地向外尋求。

公案以建設性的指示或暗示性的點撥，來引導當事人思想、感情、和情緒的轉化。當人的情緒深入其中，由於與歷史間隔而對望，但就發生在眼前，但對自己處在安全的狀況下，人能在這跨領域的境域中釋放了壓抑的情緒，增加自我的洞察力。這樣的力量需要有人指引，公案中強調禪的效用，是以禪師的指示為主要的對象，但在禪中卻更強調自悟自為效果。如「俱胝豎指」云：

俱胝和尚，凡有詰問，唯舉一指。後有童子，因外人問，和尚說何法要，童子亦豎指頭。胝聞，遂以刃斷其指。童子負痛號哭而去。

〔註38〕邱敏捷：〈胡適與鈴木大拙〉《兩岸當代禪學論文集》（嘉義：南華大學宗教文化研究中心，2000年），頁163。

〔註39〕「無用之用」是莊子的說法。又魏道儒說：「語言者，心之緣，道之標幟也。標幟審則心契，故學者每以語言為得道淺深之候。」《禪宗無門關》，頁222。

胝復召之，童子迴首，胝却豎起指，童子忽然領悟。胝將順世，謂
眾曰：「吾得天龍一指頭禪，滿一生受用不盡滿，言訖示滅。」

無門曰：俱胝并童子悟處，不在指頭上。若向者裏見得，天龍同俱
胝并童子，與自己一串穿却。

頌曰：俱胝鈍置老天龍，利刃單提勘小童；巨靈擡手無多子，分破華
山千萬重。〔註40〕

這一指非同凡響，指的是向上一路、指的是成佛之途；天地就此一根，萬物皆
同一體。但這一指是指向哪裡？若指向天際，而天際茫然一片；若指向心地，
但心是在哪裡？這一指又不知指破多少腦袋，參掉了多少的年頭？但見「趙州
洗鉢」、「洞山三斤」、「雲門屎橛」、「乾峰一路」……這一連串的公案與指頭
有何關？是知禪法不「向者裏見得」如何得見？若不是真禪師如引人到裏得
見？小僧傚效具胝而賣弄禪法，禪師嚴格的教法只好斷其指頭。這就如同操漿
者在湍流的河水，全心貫注於控船，渾然忘記在河水之中；若一心向佛，心無
雜念，則已入佛境。凡人無法自悟本性，若沒有善知識指引，如何「分破華山
千萬重」。故禪是不假外求，禪是啟發人生命本有的智慧，慧開以看話禪示，
要每個人重回生命最原始的風貌，時時要去閱讀之，那個屬於內在的、本有的
「佛」性。

看話禪也是一種課程，如何有技巧和完整的生活，有可能的話，包含了如
何邁向更卓越的健與幸福，這可以是補足醫學治療的遺漏。祖師西來意是從公
案的文字與言語都是人靈魂的展現，悠遊於知識的寶庫，文字的能量便滲透了
你的生命，擴張了你的視野。信手拈來，何不讓內在的渴望驅動自己，汲取生
命的甘泉。當人情社會快速變遷，使得價值觀混亂、人際關係疏離，重大的天
災頻仍，更增添了人們對未來不確定性之恐懼與焦慮感，也因而產生情緒困擾
與心理壓力的問題，導致個人情緒療癒與紓壓需求日增。回歸心靈的是一種修
練，也是一種教育、也是一種哲學，更是一種治療，禪開啟了了歷史的新生命。

〔註40〕《無門關》，CBETA, T48, no. 2005, p. 293b10-22。

第四章　臨濟之「書寫禪」與書寫療癒

　　禪的書寫與療癒就是將文字創造過程和作品運用在療癒之上，並致力於對「空性」議題的探討，對佛教所說的苦、空、無我等真理，目前人都視為修行的經驗，佛法在中國的禪宗上更結合本土的「無」、「自然」、「去執」等理念了，開創出更深層次的意境，並開出中國佛教的特色—禪。當代人星雲大師，乃是臨濟宗的弟子，其一生從事的志業，其著作非凡，其著作有《星雲大師全集》由佛光出版社印製，然而星雲的禪思卻是從不知覺地從「書寫」開啟，故筆者將之與書寫療癒做為對話，並名之為「書寫禪」〔註1〕。

第一節　星雲大師及其禪學思想

　　星雲大師所開創領導的佛光山。大師及其弟子信眾等所開出的禪法，其所展開的人間佛教十分重視參禪及行禪，而且強調將禪運用在生活之中。故佛光禪以佛教經論及漢傳佛教傳統為基礎，適應現代社會的需要，逐步建立了從預備道、善行道、戒行道、定行道、慧行道、見道、修道、無學道的修行體系。其中以定行與慧行為佛光禪的核心。佛光禪的以原始佛教的定慧思想為基礎，結合大乘般若學說及天台止觀實踐，又接受憨山以來的淨土觀點，特別重視「心」在生活中的具體落實。

　　星雲大師弘揚人間佛教，本著契理契機的原則，努力建設適應現代社會的修道次第。大師的禪法，曾在《佛光禪入門》序中寫道：「佛光山禪堂從 1991

〔註1〕星雲大師是以「佛光禪」為其禪法總名，但是他自己卻是以「書寫」為禪法的療育緣起。

年創建，每年舉辦各種禪修活動，為了讓修禪者在「行門」上能有次第、有方法的修習，在「解門」上能有系統、有正確的認知，禪堂於 1999 年發行《佛光禪入門》一書。〔註 2〕大師認為禪宗最接近佛陀人間佛教的本懷，因此將佛光禪法定名為『人間佛教生活禪』〔註 3〕。」是為了提倡禪修風氣，推動心靈環保，接引禪子體會人間佛教禪風，令發菩提心，行菩薩道，再創禪門黃金時代。故佛光山禪堂也依佛陀菩薩道的思想，具體提出一種能療癒現代「社會疾病」──功利、野心、奢侈、價值混淆等，以及適合各種人修持，又能照顧到人性生理與內在需求的禪法，取名為「佛光人間生活禪」，簡稱「佛光禪」〔註 4〕。本節將大師的禪學理論分述為「佛法與世法融通無礙」、「說法舉喻說譬、觀機逗教」、「回答問題一針見血」〔註 5〕等三個要點，分論述之。

一、佛法與世法融通無礙

　　星雲大師作為人間佛教最為重要的當代實踐者之一，其文化思想與實踐應對時代各種問題，不但延續了前人文化傳承上的基本特點，還更加豐富了中華文化的當代內涵。大師的佛教特色是「禪淨共修」、「八宗兼弘」故廣大無海，收攝圓容，星雲表示：「禪，不是佛教的，不是釋迦牟尼佛的；禪，是每個人的，現代人把禪歸為佛教的。釋迦牟尼佛在靈山會上，拈花示眾，以心印心，付囑迦葉，教外別傳。」〔註 6〕禪是中國人發現，如同科學家發現什麼？發現了一個「禪心」。禪，能讓人清楚明白本來面目，就如同牆上有畫，桌上有花，菜裡有鹽，每個人對禪的感覺體驗不同，禪如人飲水冷暖自知。

　　雖然努力參禪，但是沒有人可以永遠地讓注意力完全地專注在事上。其它的所緣必然會出現，變得顯著。因此，禪師的觀照的範圍，含蓋人們所有的經驗：所見、所聽、所嗅、所嘗、身體的觸覺，以及心裡的念頭──如想像的影相，或者種種情緒。不論哪一個所緣出現，都應該立刻直接觀照它們，並在心中作一個輕柔的標記，古偈云：「我有明珠一顆，久被塵勞封鎖；而今塵盡光

〔註 2〕佛光山禪淨法堂編：《佛光禪入門》（高雄：佛光出版社，2004 年），頁 1。
〔註 3〕佛光山禪淨法堂編：《佛光禪入門》，高雄：佛光出版社，2004 年，頁 2。
〔註 4〕佛光山禪淨法堂編：《佛光禪入門》，高雄：佛光出版社，2004 年，頁 18。
〔註 5〕釋滿義：〈第一章 闡揚妙諦：說法的語言不同〉《星雲模式的人間佛教》（台北：天下文化，2005 年），頁 21～92。
〔註 6〕星雲大師與全國教師「談禪說妙 以禪印心」《人間社記者 陳璿宇 大樹報導》2014-01-25。

生，照見山河萬朵。」〔註7〕禪宗特色就是要提起疑情。達摩將禪傳到中國，第一個開悟的是慧可。禪是健康的法門，用心參禪，從複雜到單純，從差別到平等，禪修容易開發智慧。禪學的教育不向外求，但向內求。所謂「千年暗室，一燈即明」禪的燈亮了，當悟了，懂了，此時心也就亮了。參禪了解禪的妙處，就可以自由自在地過生活，如此生活無異於參禪，參禪無異於生活。

　　星雲大師在與全國教師「談禪說妙、以禪印心」說：「拜佛是禪，念佛也是禪，行住坐臥、挑柴運水無非是禪，學禪會讓注意力更集中，心地變柔軟。」如此所說，坐禪只是一種進入禪的方式，並不是唯一的方法，行住坐臥都是禪法，當下專注，心地容易調伏。又如有人問起如何「了脫生死」、「天堂地獄在哪裡」「不信宗教會死，信仰宗教一樣會死，信與不信有何區別？」星雲大師的回答都讓人如夢初醒，恍然大悟，更如醍醐灌頂，深深受用。星雲大師的禪法是現代與傳統的融合，而禪法就在世法之中，這種精神理念自然地在他說法時流露無遺。

　　禪是中國佛教特有的產物，公案的教法中那種機鋒、靈動、會默、潛蟄、婆心……都是傳統中國的人文底蘊，比起日常生活中的小幽默，禪門公案則更鋒利些。星雲大師與會眾的故事，常常出現許多的公案，偶而星雲大師半路殺出一句風馬牛不相及的話，看似乖張，卻又切中要害，直指命門，讓人有種冒一身冷汗，後來風邪全消的暢快，如利刃割紙，刷地一聲不留分毫餘地。故星雲大師說：「佛教非常重視般若的修持，經典中說般若不旺是六度之首，也是諸佛之母，又說般若如人之雙目，能領導其他五度走向圓滿的境界。故般若生活是佛生學。」〔註8〕這種的生活與般若之間從星雲大師的著作如《貧僧有話要說》、《星雲日記》、《講演集》、《我不是呷教的和尚》、《文叢》等系列著作中，隨時都會讓人有驚鴻之喜。

二、善於舉喻說譬、觀機逗教

　　星雲大師說法善與喻說譬，常利用故事、公案以詮釋深奧道理，能將古今

〔註7〕《五燈會元》卷19：「歧曰：吾聞伊過橋遭擷有省，作偈甚奇，能記否。師誦曰：我有明珠一顆，久被塵勞關鎖；今朝塵盡光生，照破山河萬朵。歧笑而趨起。師愕然，通夕不寐。黎明，咨詢之，適歲暮。歧曰：汝見昨日打齷齪者麼？曰：見。歧曰：汝一籌不及渠。師復駭曰：意旨如何？歧曰：渠愛人笑，汝怕人笑。師大悟！」CBETA, X80, no. 1565, pp. 388c21-389a2 // Z 2B：11, p. 362c13-18 // R138, p. 724a13-18。

〔註8〕星雲：《佛光教科書（11）·佛光學》（台北：佛光文化，1999年），頁2。

中外禪門公案及話頭，截斷分別、意識、思想，無文字理路脈絡可尋，尋常大眾不易了知、體悟、通達。如《星雲禪話》裡彙集星雲大師自 2009 年 4 月 1 日至 2012 年 3 月 31 日，於《人間福報・星雲禪話》頭版專欄刊登之 1084 篇的文章。短小而精要，細而無內，可以讓人對公案有新的省悟。星雲大師以超過七十年行佛修禪、真實力行的親證體會，將禪門的公案、唱和、軼事、趣談等問道的美事，加以改寫、新撰，再予以破題及詮釋，引領大家入禪的契機，認識禪門風光。一則則禪門公案，機鋒相對、言語珠璣，剎時喝聲、猛然棒打，加以末篇「養心法語」的提點，正是滅卻你我心頭火最清涼的養分。星雲大師親書的「一筆字」書名中也蘊含生命的修行和鍛鍊，故讀禪話前可以先透過「一筆字」，感受力與美及個中禪意。

　　星雲大師善用譬喻來說明各種佛學名相，如他說：「**業就是密碼、往生如移民、說好話就是口裡放光、兒女是父母的分身，為善不造惡就是基因改造……等。**」某次的演講星雲大師引金代禪養蘭花的故事，某個弟子將禪師的蘭花摔碎了，向擔心害怕地向禪師請罪，禪師卻說：「**我養蘭花一來是為了興趣，二者是為了美化環境，我不是為生氣才種蘭花的。**」星雲大師告訴聽眾，人到世間也是為了喜悅快樂而來，不是為了生氣而來。乃至夫妻之間也是為了相愛，為了要過幸福快樂的人生而結婚，不是為了生氣而結婚。乃至當天有對夫妻來聽演講，妻子相要度化先生來學佛，卻始終不得要領，當天聽完演講後，先生忽然深情地妻子說：「夫妻是為了相愛才結婚的，不是為了生氣而結婚。」太太喜出望外地直說：「來聽這場演講真是太有價值了。」〔註9〕星雲大師契理契機的說法，把自己的體悟表法在世間之中，一個簡單的譬喻或故事，由星雲大師的口說說出，正如同佛在放光一樣，那種光自然可以療癒許多的受傷的心。

　　星雲大師能因時因地因而而說各種法要，善於利用同事攝與同理心來度眾，說法給予人心無比的鼓勵。學者劉澤亮說：「人間佛教既是古老的遺產，更是現代人美滿生活的泉源。以多元化、多功能的弘化，依大家的根機需要，實踐佛陀的『觀機逗教』，這種觀機逗教、生活與佛法不二的理念，在佛光山被現實地呈現於世。體現在對人生隱顯情節的細緻關懷與周全照顧，包羅無遺。」〔註10〕如對青年談「讀書做人」，對婦女談「佛化家庭」，對老人談「安

〔註 9〕釋滿義：《星雲模式的人間佛教》，頁 70。
〔註10〕劉澤亮：〈理念與實踐養成的人間佛教〉《普門學報》第 40 期，2007 年 7 月，頁 5。

養晚年之道」，對兒童談「四小不可輕」，對建築業談「命運的建築師」，對美容師談「美容與美心」，對文藝作家談「文學之美」，對科學家談「佛觀一缽水，八萬四千蟲」，對宗教界談「宗教之間」，對政治界談「佛教政治觀」，對國際人士談「文化交流」，對海外華僑則說「落地生根」等。星雲大師不論談學問、談修持、談世間、談心性都能觀機逗教，理事圓融，這都是他的禪觀。

　　星雲大師也常透過禪門公案故事引領大眾契入「人間生活禪」，幫助我們在心地功夫上著手，或參究印心，或運用於生活上，開顯智慧而不被權勢、名位、情緒、生死所轉，找回應對塵世，永不迷航的禪心本真。星雲大師體悟禪門公案的禪心世界裡開啟行者心靈的智慧寶典，不論對於禪學入門、深究，或是個人修為，都萬分值得研讀珍藏。

三、一針見血的答辯

　　星雲大師的思想和實踐，概括來講也是禪宗的文化實踐。禪本來就強調「百姓日用之道」，那不是抽象討論的對象，而是活生生從未間斷的傳承。禪最根本的意義上應該是活生生的傳統。日用之道是任何文化得以傳承的基礎，星雲大師的禪觀乃是契合這個日用尋用，是契機契理的，同時即是人間佛教的，也是中華傳統文化本身的。當代任何文化需要傳承發展都不能違背這個基本的百姓日用，脫離了百姓日用只能是孤芳自賞，無益世教。

　　星雲大師說法機智風趣，正如古時候的禪師一般，常常信手拈來，而且一句話就能回答各種難題，他的善巧方便是要對時代、對象以及自身有清晰的認識，同時不執著於名相規定的教條，以靈活的方式誘導和善化，對任何人在任何情況下，強調切用處實際用力。如1950年台灣戒嚴時期，民眾不能隨意集會，當時星雲大師每次下鄉弘法佈教，總有一些警察前往取締。有一次星雲大師正在開示，警察理所當然地來阻撓，並喝令星雲大師：「叫他們解散！」星雲大師很鎮定地說：「等我講完了，他自動會解散。」又2000年澳洲佛光山南天講堂落成，星雲大師前往主持佛像開光法會，當天應邀出度的移民部部長菲力蒲·羅達克問星雲大師：「世界上的宗教領袖當中，哪一個最好？」星雲大師說：「你喜歡的那個，就是最好的！」某電視主持人希望星雲大師用一句話說明：「如何改善社會亂象？」星雲大師說：「人人心中有佛！」〔註11〕

〔註11〕釋滿義：《星雲模式的人間佛教》，頁91。

　　星雲大師的回答問題往往是一針見血、一語中的，尤其是一些敏感的問題，總能四兩撥千金地把難題化解，如美國 911 事件，作家史帝芬・楊到西來寺訪問星雲大師說：「911 事件發生時，有人質疑『上帝在哪裡』，請問星雲大師對此事看法如何？」星雲大師說：「其實這也不應該責怪上帝，因為信仰不能把一切責都交付當別人來負登，自己的業報因果也有關係，所謂善業、惡業、共業、別業，都有分別。依佛教教義來說，人人是上帝，人人都是佛祖，世間上的幸與不幸、好與不好，都由往昔久遠以來的原因，一直到今日的結果，此中還有待『緣』的完成。所以因緣果報包括上帝、包括佛祖、包括我們自己。」〔註 12〕星雲大師的禪解也不是一言兩語就說得完，星雲大師的智慧也是永遠也無盡述，他就是對佛法的信心是無止無盡，他自己曾說：「因自我的密行，獲得多少佛菩薩的加持，這是我不能把它統統都說盡的，除了感念佛恩，難以形容自己的信仰世界，我只能說不可思議。」〔註 13〕

　　星雲大師說法圓融、客觀中肯，而且面面俱到，讓人皆大歡。繼承了祖師大德的本位立場，不同於前人之處，在於星雲大師強調的禪門本位包容了更多的宗教和文化，除了對三教思想、基督教、伊斯蘭教等採取較為溫和的態度，積極交流，並且給予新興宗教以及民間信仰更多的支持。王偉說：「星雲大師所宣導的人間佛教在各個層面無不關懷人間、實踐於人間，在重視道德思想的淨化和精神心靈昇華的基礎上，緣起的群我關係、因果的迴圈真理、業力的人為善惡、滅道的現世成就、空性的包容世界、自我的圓滿真如等等……對星雲大師來說，這些都是人間佛教。」〔註 14〕這本身也是人間佛教內在的必然要求。禪是兼容並蓄，這是傳統中華文化的基本精神，而星雲大師通過自身的理論和實踐，更為豐富的展現了抽象的精神，使得這種包容性更加的具體，也為佛教禪門文化的發展提供了更多動力。

　　綜合上述，星雲大師對於禪的理論，表現在其修持、演說、對話、寫作之間，面面都是出於禪心的朗現。他出於佛教主體意識，精研內典、博學各種佛學教理，並融合了世間的學問。他在說法上「舉喻說譬、觀機逗教」傳承禪風教理。他在三教會通、甚至耶回對話中豐富了禪門文化，處理好佛教與其他宗教的關係，也決定了禪法弘化的現實格局。星雲大師的人間佛教實踐也是同樣

〔註 12〕釋滿義：《星雲模式的人間佛教》，頁 83。
〔註 13〕星雲：《我不是呷教的和尚》（高雄：佛光文化，2008 年），頁 157。
〔註 14〕王偉：〈慈心悲願，利樂人間──從「慈悲心」看星雲大師人間佛教思想與實踐〉《星雲大師人間佛教理論實踐研究（上）》，頁 407。

如此，人間佛教的理論品質同樣延續了這兩個方面，但是又因為格局的變化而做出了富有創意的融通，這種融通本身正是圓融不二的智慧。

四、《我不是「呷教」的和尚》及其禪要

星雲大師著作中《我不是「呷教」的和尚》，其核心價值乃是點亮自己、照亮人間。本書收錄星雲大師的口述歷史，從星雲大師為整體佛教無私的生命奉獻，看到星雲大師應現人間「三好」、「四給」等精神，如「**做好事、說好話、存好心**」、「**給人信心、給人歡喜、給人希望、給人方便**」的原則，看到星雲大師在濁世之中樹立典範的寧靜革命，看到星雲大師廣結善緣、重義重情的人間性格，看到星雲大師迎接磨難、病苦、挫折的豁達自在，看到不忍眾生苦、不忍聖教衰的菩薩情懷。

星雲大師於 2019 年已九十三歲，因病經過休養，於三月間出版新作《我不是「呷教」的和尚》。全書以星雲大師的成長、信仰、發心、弘法、證道為核心，細述星雲大師近百年的書寫生命歷程。高雄市市長韓國瑜深受星雲大師感動，並於序文中揭露了個人的格局與胸懷。星雲就偉大的宗教家，他為台灣佛教開創了前所未有的榮景；在出家八十一年的悠悠歲月中，造福人間世界，影響無遠弗屆。〔註15〕

本書是星雲大師在回述一生的歷程，見證了其弘法的過程，及其倒轉逆境人生的心法口述。他是以自性收攝了不同教理、宗教和信仰，以寬宏的胸懷把文化交流和溝通的問題納入心性中，正是因為對於這種匯融的格局是開放性，因此以生活為本，以人本為主，總能找到點出禪法的機緣。年近百歲的和尚，一生歷經萬般風霜，所淬練出來的智慧精華。因此書中的每句話，都不斷與我的心靈產生共鳴。本書中四大章要分為：

（一）天下沒有白吃的午餐——成就人生的願力

本章論述星雲大師的修行經歷，星雲大師認為「呷教」就是「吃教」，呷教，就是靠佛教吃飯。星雲大師自懂得佛教以後，希望「佛教靠我」，我不要靠佛教。星雲大師云：「塵空法師從浙江省普陀山託煮雲法師帶給我一封信，上面寫著：「現在我們佛教青年，要讓『佛教靠我』，不要有『我靠佛教』的想法。」〔註16〕星雲大師說：「我曾說過，自許做一個報恩的人，並且發願：我

〔註15〕本書出版時，已知星雲法師於 2023/2/5 日辭世，享耆壽 97 歲。
〔註16〕星雲：《我不是「呷教」的和尚》，（高雄：佛光文化，2009 年），頁 29。

要給人，不希望人家給我。」〔註17〕所以師父志開上人曾以「半碗鹹菜」的恩德，使得星雲大師從此立下弘法利生的志願。

看到星雲大師從出生、出家，到弘法於天下，有較完整的生平境遇、成長背景，以及觸動星雲大師發心立願的契機。幼年及成長期，面臨那麼多死亡與恐懼的磨難，尤其嚴苛專制的叢林教育，多少人在打罵棒喝下紛紛都退心了，星雲大師卻反而在重重考驗裏，激發出精神層面最純粹的大愛。星雲大師認為，忍耐是力量，苦難讓人增上，能夠長養勇氣與承擔——這啟發我們，每個人都有無限潛能，懂得自覺教育、自我觀照，就能將人性當中最寶貴的靈性開發出來。

星雲大師認為：「生命存在的意義，不能離開大眾，不能離開對社會的貢獻，否則，只是做一個飯桶或者衣架？那有什麼價值呢？」〔註18〕當年星雲大師初到台灣，能從一文不名、一無所有、四處碰壁、遭受各種不平等待遇的困境，到今日法傳世界，佛光遍照五洲，這絕非偶然。正如星雲大師說：「我希望佛教靠我，我不要靠佛教，也就是我不要做一個「呷教」的和尚。我自許做一個報恩的人，並且發願：我要給人，不希望人家給我。『佛教靠我』這句話，成為我心中的一盞明燈，經常這樣充電，甚至發光，增加了我的信心力量。」〔註19〕星雲大師的發心發願，對於世間無條件的給予，好比是人間慧日的普照，又像甘霖滋潤於萬物。再對應起我十七年的沉潛，感覺到我們能本著真心，能有機會來服務社會、造福民眾，那就是人生最大的福報，也是一條菩薩道的修行之路了。

（二）倒轉逆境人生的心法——增長信仰的力量

本章要述星雲大師的信仰歷程。出生在戰亂的年代，生活雖然困難，但感謝父母給予我慈悲的性格，自小就愛護小動物，歡喜幫助別人。12歲出家後，叢林專制嚴格的教育，養成他接受的個性，凡事不怕難、不怕苦。星雲大師用「生於憂患，長於困難，喜悅一生」〔註20〕等十二個字來說明，其一生的過程。

人生下來以後，本性裏就有一個趨向，或者就是信仰的力量，就有一個信仰上的分辨，星雲大師認為要信仰就是要信好的，要信仰善的，要相信真實的。

〔註17〕星雲：《我不是「呷教」的和尚》，頁30。
〔註18〕星雲：《我不是「呷教」的和尚》，序頁17。
〔註19〕星雲：《我不是「呷教」的和尚》，序頁6。
〔註20〕星雲：《我不是「呷教」的和尚》，頁202。

人的信仰是一個人意志力與生命體悟的根源，能幫助人看穿生命的本質，找到觀察人事物的準繩。我們的身邊總環繞著善惡是非，要清楚箇中的真偽虛實，絕對少不了信仰為我們確立的中心價值。

　　星雲大師知道，禪的本質是生佛一如、是生死一如，故人生必須提放自如，不論生活在哪個層面，處處皆可修行。每一個人，都可以提煉心中的陽光，相互照亮彼此，共同為世間增添光彩。正如星雲大師說：「我畢生弘揚人間佛教，常以『人生三百歲』來自勉，為了佛教，永不休息」〔註21〕。星雲大師一生以病為友、以忍為力，並不感覺有什麼痛苦，雖有些不方便，但其心無罣礙，自由自在，只有歡喜快樂。不斷在逆境中增長信仰，把臨濟禪的法要弘傳於現代。

（三）既爾功力必不唐捐—為人間多做一些善事

　　星雲大師的人生並非一路順遂，也經過無數曲折跌撞，他曾有十七年時間，在山中獨對雲卷雲舒，自我沉澱，所以獲得些許相似星雲大師的體悟，把一顆真心看透、將人生棋局看清。因此，他期許自己走一條英雄的道路，縱使英雄身影孤寂，卻可以常保「複雜的腦，單純的心」，這份寧靜的力量，使得他在應對公眾事務時能全力以赴，面對政壇詭譎多變的紛擾時，能不忘愛與包容的慈悲心懷。

　　環境可以培全人心，付出的必然會有收獲，火師要用有用的身體多做一些善事。故星雲大師說：「憂患可以長養我們的身心，困難能夠增加我們的力量，而唯有喜悅，才是人生最重要的寶藏。」〔註22〕人間佛教是佛教未來的光明和希望。星雲大師自認受益於三寶的恩惠，一生沒有見過學校，卻做了小學校長，在全世界建五所大學，獲得三十多個大學榮譽博士學位、許多學府的榮譽教授。在五大洲建設三百間的道場，數千多名徒眾分別從事文化、教育、慈善、共修等各種弘法事業。大家對對人間佛教的護持，如今佛教已經從明清的經懺佛教，成為二十一世紀給人接受的「人間佛教」。

　　星雲大師本著「人間佛教佛陀本懷」的信念，以教為命，以眾為我，以其一生供養十方眾生。終其一生，星雲大師始終掌握住初發心，認為「給比受好」，不希望「人人為我」，呼籲眾人要自己爭氣，並以這句話「成就人間

〔註21〕星雲：《我不是「呷教」的和尚》，序頁 5。
〔註22〕星雲：《我不是「呷教」的和尚》，序頁 20。

的願力」〔註23〕。若有人問星雲大師平生還有何所願？星雲大師則以「平安幸福照五洲」〔註24〕來祝福大家。

（四）木有根，水有源——略述我的血脈與鄉土

本書末——跋：〈木有根，水有源——略述我的血脈與鄉土〉中，回述其故鄉風土、父母、長輩等恩德。這是星雲大師的敘事，星雲大師開示自己的公案，並用之來訓練眾生開悟的力量，做為讓他們開悟的一種方法。

綜上述，看到星雲大師的積極奮發、自我要求、刻苦忍耐、敢於創新、處處為人的「不呷教」、「佛教靠我」的行誼，成就人間淨土。引用鄧子美教授的說法：「瞻望未來，我們不妨也把星雲本人與心平、心定、慈惠、慈莊、慈容、慈嘉、慈怡諸法師一起，比喻為現代佛教史軌道上空一團璀璨的星雲。在這團星雲的映照下，有理由期待在現代文化價值多元格局之下，中華佛教將代表經過更新的傳統文化，在華人社會中成為重要一極；同時，他也將借鑒與吸取各民族宗教現代化、本土化的經驗教訓，進一步走向更加廣闊的世界。」〔註25〕禪門的文化傳承的經驗不是獨立於傳統文化之外，其本身就是傳統的重要組成部份，因此無論從何種角度理解星雲大師的禪理，我們都應當珍惜目前有大德駐世，為我們帶來活生生的禪機，給我們帶來生命的經驗。

本章以星雲大師所書寫為公案為療癒的例子，嘗試為星雲大師的經歷與書寫過程的展現為療癒的對話。分列為一、提起覺知的狀態；二、隱喻、儀式與弘法書寫；三、用整個生命來書寫〔註26〕，在星雲大師的著作之中，僅以其中小段的例子為說明。

第二節　書寫禪與「覺知」療癒

人生的病情多與焦慮、掙扎、壓力、關係與意義、罪惡等相互連結，人們累積了各種的毒素，產生了醫藥所無法化解的病症。禪師喜歡經由公案與隱

〔註23〕星雲：《我不是「呷教」的和尚》，序頁13。
〔註24〕星雲：《我不是「呷教」的和尚》，序頁7。
〔註25〕鄧子美：〈星雲模式之歷史性成就〉《星雲大師人間佛教理論實踐研究（下）》（高雄：佛光文化，2008年），頁300。
〔註26〕療癒的架構參考布魯斯·穆恩：《以畫為鏡——存在藝術治療》（台北：張老師文化，2012年）以及娜妲莉·高柏：《療癒寫作——啟動靈性的書寫祕密》（台北：心靈工坊，2014年）

喻、禪偈來表達他們的思想，他們不喜歡直線的討論或輯的推敲，禪師對於知識上的辯論沒有什麼興趣，而是對有想像力、創新的描述和隱喻能隨時覺知，所以禪師在現代可以成為一名很好的治療師。星雲大師的書寫禪對於覺知的保持，從「直下承擔」、「提起正念」、「七個覺知」等來說明。

一、直下承擔

　　星雲大師在生命經驗中的書寫，在某些時候，他曾被刺傷、撕裂也因此陷入不安，他以書寫打開隱喻，藉著文字安慰自己，並影響他人，星雲大師的苦悶與寧靜的力量，讓他人都能感受到自己的人生意義。星雲大師寫道：

> 雖然我負面的想法很少，但對於正面積極的做法，也是很柔弱，不夠道德勇氣。當然人家欺負我，我也會自衛，但平時對佛教裡一些不合法的事情，我都是選擇隱忍。一直到後來培養自己對佛教的信心增加了，才覺得『寧叫老僧墮地獄，不拿佛法做人情』，為了佛教的興隆，我必須要有道德勇氣提出建言。對於佛教一些不合佛法的事雖然很無奈，但時總想要直下承擔。不過又想到，我難道就很正確嗎？我也痛罵自己，責怪自己。比方說，我雖不吃葷肉，但是我對生命有愛護嗎？我雖然不樂於世俗的吃喝玩樂，但我對佛教的事業有所建樹嗎？我也是會責怪自己，以自我的立場來待人處事，會不會太招來反感？〔註27〕

星雲大師一生的經驗就是直下承擔，而不拿佛法做人性。他的這一生，日復一日地過下去，其實很快速，尤其當人覺得沮喪、懦弱、不滿自我時，這些負面的念頭，可能讓事情不經意地發生作用，讓人不經意地穿越磨困之際，而到達另一邊。

　　透過經過事情的再書寫、靜坐、慢走時，會有靈光一閃，出現了那麼一個時刻，人就穿越了。「我們不斷抗拒、掙扎對事物對我們展開，變得透明了，或者更好的是，問題不再是問題了，而只是它本然的樣子。」〔註28〕這就是進入覺知的狀態，仔細注意那些小小的入口，這些入口隨時在向人敞開，人只是處在緊張、壓力、不安的情緒而無法擺脫，故無法達入禪的境界，但是只要沈

〔註27〕星雲：《我不是「呷教」的和尚》，頁164。

〔註28〕娜妲莉・高柏：《療癒寫作──啟動靈性的書寫祕密》（台北：心靈工坊，2014年），頁56。

澱一下，人會處在當下，沒有任何一件事情那麼重要。「那個聲音是什麼？它從何而來？如果你習尋找那些小小的入口，一個開始的起點，那個沒迷失的你，那個正被思緒絆住，但不相信這些思緒的真實性的你，可以幫你到一條路，讓你脫唯困惑。

當星雲大師重新思索對佛教的信心時，自訴：「寧叫老僧墮地獄，不拿佛法做人情」，他重新解釋了一些佛教的現象，他必須要有能力來為佛教建樣規模，他透過書寫表達了自己的情緒，並且提供了一個入口，生發了某種改革的動力。但是那是怎樣發生的呢？娜姐莉說：「你無法刻意製造這些入口，但是你可以餵養入口的土壤，使之肥沃。如果你一直不肯安靜下來，靈魂深處的你，甚至不知道對這些入口有興趣。經由練習，經由活在當下，我們等於是在對內在深處的生命力量釋放出訊息說：我準備好了，請幫助我，請注意、請帶領我走出困惑。」就在那個時刻，由於自己的覺知狀態，書寫就好好書寫、靜坐就好好靜坐、慢走就好好慢走，那些沮喪、懦弱、不滿的面紗被挪走了，懦弱的星雲、勇敢的星雲也都消失了，就只剩下誠實的當下。

二、提起正念

當下的覺知就是一種「正念」，如卡巴金所說：「意識且不帶評地觀照當下，有時我喜歡加上一句『彷彿你的生命靠它維繫』，因為它確實有如此深度。嚴格來說，正念是當你有意識、不帶批評、觀照當下所升起的東西，那就是覺知本身，別無他物。」〔註29〕接受自己本身，很專心地做當下是事情，本身就是很棒的事，而那也是禪師所要教的東西，禪師不一定是在廟裡面的和尚，而是人事物境本身。人隨身攜帶著一生的回憶，但是如何找到入口，星雲大師卻是書寫開始。他將他所經歷的事件一一回述，沒有人會聽他嘮叨事情，也不會有了細細地聽他的抱怨，就像在錯誤的時刻提起不合宜的話題一樣。所以，人必須尋找正確的時刻，找到入口，進入你內在世界，把你的回憶拿出來，讓人願意傾聽。就連筆者現在閱讀星雲大師的回憶，都有身歷其境的感受。只聽星雲大師又言：

> 慢慢長大，又想到，出家人要有學問，出家人要能著書立說，要能
> 弘法利生，想想，我能嗎？我在年輕的時候就想：將來我要辦一所
> 大學，我要辦一份報紙；但我知道這只是夢想，以我當時的條件，

〔註29〕喬‧卡巴金：《正念減壓初學者手冊》（台北：張老師文化，2015 年），頁 48。

是不可能實現的。不過，人總要有個夢想吧！在我心裡懷抱這個夢想，也不給人家知道。如果這個夢想能實現，我就真的是一個弘法利生的和尚了。〔註30〕

又有夢想表示有動力，有夢想就是有覺醒、清醒，也就是一種覺知。當人們身體移的時，人是活生生的、有現實性的、有接收性的，不是易碎的、盲目的、沒有交集的，能夠覺擾到自己的這些狀況，甚至對自己的狀況懷著慈悲的，這一份慈悲的夢想，也為星雲大師提供了覺知的方向，他要成為一名真正弘法利生的和尚。

三、七個覺知

人要積極地將自己的注意力調整到每一個當下，努力保持時時刻刻的清醒與覺察，不試圖用無所適事來填塞時間，不要為當下而活，而是要活在當下。娜妲莉提供了七個覺知的態度，讓人活在這個世界上的另一種方法，這是一種解放，讓人們脫離苦難，達到夢想的方法：

1. 不批判（Nonjudging）。2. 耐性（Patience）。3. 初心（Beginner's maind）。4. 信任（Trust）。5. 無為（Nonstriving）。6. 接受（Accepting）。7. 放手（Letting go）〔註31〕。這七種屬性都是對書寫、靜坐和慢走有利的心態。也是面對下屬、上司、朋友、愛人、敵人的心態，這是你應該有的姿態，但我們很容易就把它們忘記。

這裡要表達是不要阻擋自己，把你的意志和想法放空，讓更大的東西進來。但是如果是要著書立說或建一所大學呢？治療師說：請將著書、大學等事放掉吧！至少兩年的時間來練習書寫，找出你真正想要的東西。不要用理性的想法來寫小說，而是要從那些奇奇怪怪著迷的地方入手，這樣反而會達到自己想要的目標。這七種屬性都是禪有關，而作者在禪師與作家之間，選擇了作家，她寫書的內容延續了她對禪修、靜坐與慢走的訓練，她認為自己站在禪宗的肩膀上立說，既受到禪宗的教導，也用自己獨特的方式現自由與理解。這本書的主軸在介紹她如何在帶領禁語書寫避靜課程中更加整合與自覺地貫徹她的信仰。

回歸到星雲大師的表現也是如此，不批判、耐性、初心、信任、無為、接受、放手等，這些屬性都是星雲大師本來就具備的，是一種活在當下的狀態。

〔註30〕星雲：《我不是「呷教」的和尚》，頁164～165。
〔註31〕娜妲莉・高柏：《療癒寫作——啟動靈性的書寫秘密》，頁130。

1.「不批判」：他以「我對佛教寧革命：有進有退，有行有止，雖然不能收立竿見影之效，然行之有恆，也會慢慢克服一切。」就是以不批判的方式來引導大眾對佛教的認知。

2.「耐性」：他以「生於憂患、長於困難、喜悅一生」來做個耐性的和尚。

3.「初心」：他以「倒轉逆境人生的心法，他自己常問：「我像個和尚嗎？我不敢妄想成佛，只想做好一個出家人。」〔註32〕來增長信仰的力量。

4.「信任」：他以「我信仰歷程：我曾經刺血寫經，也曾燃臂供養；曾經禁語一年不說，也曾經歛眼三月不看。後來偶開雙眼，忽然感到：啊！還有青山、還有樹木、還有天空，感覺又回到這個世間來。」〔註33〕這真是達到了「見山又是山」的效果〔註34〕。

5.「無為」：「佛教重在無相、無我，假甘能夠為大眾、為社會、為國家、為世界做一些大慈、大悲、大智、大願的祈願，大眾受到這樣的感召，每個人都為別人祈願，而不是只為了自己，那流世界和平，一定可期」〔註35〕。

6.「接受」：星雲大師認為：「『不呷教的和尚』還是消極的，我該要有更積極的行事，也就是所『給人方便』：為了做不吃教的和尚，不能只是口頭說說而已，必須要用行動表示自我的作為。」〔註36〕

7.「放手」：現在的社會無論做什麼都有任期，也有後來者不斷跟進，所以不知要放手的人，不斷阻礙了別人，也拘役了自己。星雲大師對於佛光山的一切早就放手，本來佛光山的任期是住持一任六年，可以連任一次，十二年滿，一定要卸任下台。由於當時佛光山正在開山困頓之時，經不起徒眾的要求，星雲大師又再做了一任。星雲大師說：「在佛光山十八年後，我們邀請了一千三百名老人，共同在佛光山度過六十歲生日。是時候了，我就毅然退位，離開佛光山住持之位，了為不讓徒眾養成依賴的習慣，我興起行走天下去弘法的念頭。」〔註37〕星雲大師於1985年六十歲放手佛光山事業，開始雲遊世界，曾說：「兩千六百年前，佛陀曾說：『我是眾中之一』，教示弟子們要融入眾中，我依此奉行，通不盡，我的信徒會眾，因為有大眾就有教團，有大眾就有成就；

〔註32〕星雲：《我不是「呷教」的和尚》，頁178。
〔註33〕星雲：《我不是「呷教」的和尚》，頁157。
〔註34〕星雲：《我不是「呷教」的和尚》，頁164。
〔註35〕星雲：《我不是「呷教」的和尚》，頁302。
〔註36〕星雲：《我不是「呷教」的和尚》，頁92～93。
〔註37〕星雲：《我不是「呷教」的和尚》，頁44。

有大眾就有規律；有大眾就有喜悅。」〔註38〕他希望給人，不希望人家給自己，他進入了禪的世界；他不斷書寫，他放掉控制，讓文字在紙上盡情奔跑，他在示現一種意義的旅程。這是屬於接受性與創性性的自療方式，在文字中自我可以任意奔放，可以「不讓人那流憤懣，可以舒緩內心的挫敗感，也可以慰藉悲傷。」〔註39〕當心情透過書寫或閱讀、或再表達，那麼就可以讓自我再療癒一次。

從這些示現中，星雲大師隨時找那個禪的入口，這個入口的找著，是因為他有創造的覺知和能力，經由努力、付出、耐性，讓入口逐漸出現，是以書寫創造必須願意讓自己內在的力量浸潤、發酵、撫慰、激發，所以過程不一定是容易的，也不一定是舒服的。有時候書寫的創作往往因為充滿了身心兩面的創傷、瘀青、痠痛、疤痕、僵硬的雙手、疲倦的眼眼睛，創作的生命力見證了掙扎和努力的善美與淨化。星雲大師的創作成為慈悲的表現，提供療癒也提供「給」的表現，兩者都需要努力，身為創作者，自我超越需挑戰自己的無奈感，面對挑是因為要給別人福祉，這需要採取行動的勇氣，星雲大師與民眾之的結合是慈悲喜捨的體現。

第三節　書寫禪與「願力」療癒

所有的語言都是思想和情緒想像和表達，在書寫療癒中，表達的功能被隱藏在作品裡。願力能勝過業力，故星雲大師書寫的語言不只是覺知與情感，也包括身體靈魂，身為作者，無法只是表達自己的思想，而不注意情感、生理特質和作品的靈魂，故書寫作品時各個面向所表達的故事，要保持敬畏與尊重。書寫創作往往在靈魂的細微變動中貞定起開始，方向底定，揭露初心，星雲大師平時花了一點精神蒐集資料或題材，利用了一點空暇的時間，當他第一個字下筆就越來越愉悅，血脈越來越暢通，剛開始還不太有把握寫的方向，但下筆越來越順，故事也越來越順利開展，詮釋的力道也逐漸增加，心身之間交換越來越迅，創意在撞擊的心靈成為一句句的隱喻，字裡門行間奔放的寬闊的視野，並形成其在世的願力，願力勝過業力，願力化解累劫的罪障，星雲大師就將其書寫與願力的結合，展現療癒的能力。本文依理論建構

〔註38〕星雲：《我不是「呷教」的和尚》，頁225。
〔註39〕尼古拉斯：《詩歌療癒》，頁31。

成書寫療癒的面向〔註40〕，並將星雲大師的書寫與願力療癒論述如下：

一、書寫與願力的隱喻

星雲大師曾為自己規劃人生的清單，同時也展其書寫的這清單是要點。〔註41〕，如星雲大師於《星雲大師談處世——談生涯規劃》談到：「第1個十年「成長的人生」、第2個十年「學習的人生」、第3個十年「參學的人生」21～30歲、第4個十年「文學的人生」31～40歲、第5個十年「哲學的人生」41～50歲、第6個十年「歷史的人生」51～60歲、第7個十年「倫理的人生」61～70歲、第8個十年「佛學的人生」70歲以後。〔註42〕星雲大師的人生規畫看到其人生的書寫清單，並且展現他的人生願力。為了達到這樣的願力，他要為自己騰出時間，要靜下來培養內在的寧靜與自我接納，要觀察自己每一瞬間的起心動念，要觀察並放下自己的念頭、讓願力不受現實所控制，要在舊的問題中挪出容納新觀點的空間，並且重新理解事物的相互連結，卡巴金說：「這樣的學習涉及如何『安頓自我』與『培育察覺』。」〔註43〕也就是說，想要保有初發心的願力，人要隨時能安頓自我與培育察覺，越有系統的練習，就越能增長正念，越能從中獲益。

做事情前要先列個清單人要有哪些材料，要怎麼做？每一本書一定有目錄，這個書的目錄成為「清單」，這就是書本的架構。當書寫前訂立個架構的要發覺自己的向度，這就是覺知的啟動。娜妲莉說：「覺知不是們人有尋找的品質，如有錢又有閒的期待，覺知是另一個國度，書寫者有責任認出這個國度，了解對社會的關懷是一個起點、回憶與省悟，或是所渴望與期待的地圖。」〔註44〕星雲大師把這個覺知定位在慈悲喜捨，將他轉化為「起承轉合」的文字，他用心書寫的手同也成是撫慰的手，推動佛法的雙手，也是靜默直敘的雙手，在那書寫的境象裡，看到裡面的細節有星雲大師的至愛在裡頭。星雲大師覺知的啟動是願力的達成，所以當他在書寫歷程時，隱喻的療癒已經展開。如星雲大師云：

〔註40〕布魯斯：《以畫為鏡——存在藝術治療》147～176。
〔註41〕參考 http://www.book853.com/show.aspx?id=1642&cid=120&page=4。
〔註42〕星雲：《星雲大師談處世——談生涯規劃》。
〔註43〕卡喬‧卡巴金著（Jon Kabat-Zinn）著，胡君梅譯：《正念療癒力》（台北：野人文化，2016年3月），頁57。
〔註44〕娜妲莉‧高柏：《療癒寫作——啟動靈性的書寫秘密》（台北：心靈工坊，2014年），頁168。

如今，我年已九十，罹患糖尿病也有五十多年，在醫病史上，糖尿病的患者能存活這麼長的時間，應該也不多見。什麼原因造成的呢？回想過去，在佛門裡忍飢受餓、多少屈辱、多少忍耐、多少苦難、多少辛酸，如陶淵明詩云：『三旬九遇食，十年著一冠；造夕思雞啼，及晨願鳥遷。』我想，在這樣極度飢餓四情況下，恐怕是罹患糖尿病、心臟病，最大的原因了。」〔註45〕

親身經歷的回憶是具有療癒的文字，是因為他能與讀者發生意義的連結，星雲大師正在寫閱讀者的故事。有時候想到自己所受的過程，難比得上星雲大師的苦難嗎？已經做了的事還要猶疑嗎？已經受的苦難還在追悔嗎？看看星雲大師的回憶，其實自己的苦也就不算什麼了，看到星雲大師的書寫，除療癒自己以外還可以將這樣的療癒力延伸給別人。

書寫創作是一種慈悲的行動，當星雲大師在空白的草稿上寫下第一個字時，整個作品就開始從他的內在浮現。文字寫下已經呈現畫面，那是初露頭角的一現，其卷他的部分還沒有出現，在蘊釀中變動。書寫者不斷添加情境和字句，他的表達逐漸明朗，整部作品不斷在情緒、感受、想像、衝突中爭顯，創作的過程往往十分動人，充滿無法言說的親切感，儘管外面的世界仍是車水馬龍或空中盤旋，只有書寫者本身才能夠體會其中深度。

二、書寫的創作與溝通

有時候當下做不來的事情可以交給文字去做，讓文字透過一種魔力來與別人溝通。書寫是要常常練習的，為什麼有的人要他寫一篇報告，好像要了他的命一般？這都是因為不習慣拿筆寫字，不習慣用文字溝通，書寫作品裡想法、情緒和感覺很少是由別人所引起或為了別人產生的，創作通常是個人對自己的表達，只有先與自己溝通，你的想法或概念說服了自己，你才會將這作品繼續完成，這就是文字的儀式。透過不斷書寫，星雲大師以創作、品讀、傾聽作品的勇氣，讓自我得到某種感染性，可以讓自己安全地自我探索。如娜姐莉說：「有時候你可以試簡短的練習：連續七天去同一個咖啡廳，同一個時間，同一個位子，描述眼前的事物，你聽什麼、看到什麼，聞到什麼、嚐到什麼，不要間斷。」〔註46〕人事物沒有改變，這是原來的樣子，只有當下去感知與欣

〔註45〕星雲：《我不是「呷教」的和尚》，頁 54。

〔註46〕娜姐莉・高柏：《療癒寫作──啟動靈性的書寫祕密》（台北：心靈工坊，2014年），頁 169。

賞他們本來的樣貌，每件事物才有改變的可能。然而這樣的訓練，除了像星雲大師這樣的人之外，似乎難以有人會提起興趣，因為那是一種禪修的訓練，要具有非凡的意志與持續有。如云：

> 命運沒有容許我有（掌廚）這樣的發心場所，還好在典座外，發現自己有另外一份能量，我可以寫文章。……我感到自己非常的幸運，除了勞務、做飯食之外，又添了一項能為佛教貢獻的地方，那就是可以用寫文章來護持佛教。〔註47〕

> 最近聽說新加坡《新明日報》連載我撰寫的《點智慧》專欄，結集出版，如今邁入第六本了……徒眾說，每一輯的《點智慧》一出版，在星馬港各地都進入暢銷新書排行榜。我還聽說，這個專欄至今已超過五年，創下了該報社有始以來連載專欄最長的紀錄。

星雲大師自述的書寫歷程，其實也說明他書寫的信仰，他以文字來向大眾溝通，並代佛教說一些心得，累積下來效果可觀。這就是一種書寫療癒的展開，如娜妲莉說：「當作者感染了書寫的熱情時，就會一絲絲、一點點地開始表達內心視野，作者本身會感受到了解自己和表達自己的重雙重喜悅，並因為有人閱讀與瞭解而踏上癒合之旅程。」〔註48〕雖然很多一開始抗拒書寫，但一經過練習與熟悉之後，會發現自己還是可以堅持下，而且思考所寫的人事物會有即將的偶遇，讓自己更能覺察身邊的人事物。

書寫的「真正秘密」在靜心、避靜、旁無雜務之中，因為書寫的練習，會讓人感官更為敏銳，人會突然發現眼前的一景一物都是新鮮而有趣，自己也會跟著活跳起來。娜妲莉說：「在外尋找自己覺得對勁的地點，坐下來冥想，直到這個地允許你們照相，然後只照一張……想想看那個深度，慢慢地進入與專注，你和你看到的事物，和你的環境合而為一。」〔註49〕這正星雲大師常強調個體應該提升自我認知，承認「佛教靠我」、「我是佛」等觀點，這都必須在靜中覺知、覺察，覺悟，如星雲大師說：「覺悟自己可以調和自己與一切世界，自己能統攝自己和芸芸世界，即譯『法界圓融』。」〔註50〕星雲大師用書寫溝通了內在與外在世界的現實，書寫可以淨化、有結構地綜合不同元素，融合了

〔註47〕星雲：《我不是「呷教」的和尚》，頁38。
〔註48〕布魯斯：《以畫為鏡──存在藝術治療》，頁218。
〔註49〕娜妲莉：《療癒寫作──啟動靈性的書寫秘密》，頁184。
〔註50〕星雲：《人間佛教佛陀本懷》（高雄：佛光文化，2016年），頁19。

法界。付諸行動並付諸創作或書寫，書寫可以激起強烈的感覺，同時為情感表達提供安而具體的結構。從事書寫，也可能會有很愉悅的雲遊的品質，參禪不一定要出外訪遊，書寫過程也能充滿樂趣和遊戲的品質，讓自己願意一再面對自我表達的挑戰，正是自己面對世界人事物的考驗。

三、溯源─動力的探索

在詩歌療法中創造性的療癒，是不同在表達中創造自我，而創作性的療癒也是一種儀式性的療癒，透過某一種動作的表達將自我告解。猶太教和基督教傳統中，祈禱有四種功能：讚美、告解、祈禱、感恩。這是一種療癒的方式，如治療師云：「**如果用這四個另能的角度檢視藝術創作，可以清楚地看到自己身為畫家或藝術家，我的藝術創作中確實具有讚美、告解、感恩的祈禱性質，只有祈求的成分比較少。**」〔註51〕這種練習也讓人覺得寧靜、紮根，練習時不應該期待有所回報與獲得，但你至少可以得到自己，書寫練習可以讓你不再成為他人，而是成為你自己。

當星雲大師在口述母親的公案時，是最讓人覺得在做一種儀式的溝通，他在傳法中與行道之中，講述了與母親的故事，並見證了母親的不朽。其的母親一直是健康而長壽，所以即使相隔四十年沒有見面，母親則是他一輩子的回憶，星雲大師於《我不是「呷教」的和尚》末章，〈木有根、水有源──略述我的血脈與鄉〉裡書寫對母親的感念，正是星雲大師的回憶，如云：

> 母親一生中有幾件得意的事情，一九九〇年，終於來到她兒子創建的台灣佛光山，在兩萬人的信徒大會上，大家熱烈地對著她高呼：『老奶奶好！』她一生未曾歷過這樣的場面，但她既不怯場，也不慌張，高興而熱絡地揮著雙手與大家打招呼。接著又用揚州話給大家做了一段「開示」，我也臨時充當了母親的翻譯員，她說：佛光山就是西方極樂世界，天堂就在人間，希望大家好好地修行。過去觀音菩薩在大香山得道，我希望大家在佛光山得道。大家對我這麼好，我沒有東西給你們，我只有把我的兒子送給大家。〔註52〕

所有的創作品都是作者的自畫像，作者不斷改變的生命全貌中的某個面向。星雲大師回顧當年與母親的生活，他悔自己的成長軌跡，從星雲大師的口述中，

〔註51〕布魯斯：「藝術創作即祈禱」《以畫為鏡──存在藝術治療》236。
〔註52〕星雲：《我不是「呷教」的和尚》，頁342～343。

發現他的母親似乎就是一個在世的高人，這樣的高人從小就在指點著他，他的世間情義也培養出一個有情有義的星雲大師，所以他的人間示現也是一種屬於人間的、在世的、有情的世界。又云：

> 有一次在西來寺，我講《金剛經》，不知道母親就坐在後面聽，等我下來了，她批評我講得太高深了，怎麼可以告訴大家「無我相、無人相、無眾生相、無壽者相」呢？「無我相」倒也罷了，如果「無人相」，心中眼中都沒有他人，還修什麼行呢？聽了母親這一席話，我啞口無言。同時也領悟到母堅持要「有人相」，正是我努力推行人間佛教的註解。母親隨時為我們說法，可以說她是一部人學的經典，她要我們目中有人，心中懷有眾生。〔註53〕

母親永遠是母親，由於永恆的原因故那源源不絕的來源，如果不是出自一個母親的、高人的口，或許未必就能當下領悟。母親是每個人生命的源頭，也是每個人初入世間的依靠，星雲大師以「木有根、水有源」的觀點，來書母親的記憶，母親隱喻就是他生命中的依靠與指點，母親的指點，就是高人的指點，也曾是他的生命的點燈人，她的希望都成了星雲大師的祈願。

他回憶書寫也是他對人間佛教有力的註解，他源頭是來自於母親！記憶中的影像與書寫具有深遠的意義，那是一種承傳的、相續的連結。「現代最常見的病態，因為現代人缺乏歷史的連結感，也就是無歷史性……無歷史性的個案缺乏和人的真誠連結。如專注於嬰兒與母親、幼兒與照顧者之間的細微情緒互動，他們的重點放在嬰兒早期發育經驗。」〔註54〕透過書寫之後，星雲大師連結了母親的教導，而那種教導是隨時地在發生作用，因為它的療效是源頭而來的，是一種終極的療效。過去傳統家庭、鄉村或教會提供人們生命的位置，大家知道自己的根源在哪裡，而且也知道未來的世界也是從那裡產生。

但在現代社會裡，對於以前的傳統基因和歷史延續性都式微了，甚至蕩然無存，我們活在一個缺乏歷史連結感的時代，每一代人都必要在時間長河中找到自己的認同，放棄祖源或本根，是現代人活的是很辛苦的原因，甚至未來也不知有否希望？為什麼現代的病情越來越多？醫院與器材、藥物也越來越多，但是病也是相對越來越多？星雲大師在這裡示現了某一種社會現象，也提供某種療法，只靠醫療與藥物來治療我們現代人的病情也越來越不容易。書寫的

〔註53〕星雲：《我不是「呷教」的和尚》，頁344。
〔註54〕布魯斯：《以畫為鏡——存在藝術治療》，頁276。

敘事說出母親的音容與教化，使得星雲大師永遠滋潤母德的化育之中。這是書寫所敘述的療癒效果。

知道自己不是完美，但有力量讓你知道這一點，這是心理治療最重要的因素。大衛說：「坦率地對別人承認，有時候你成功，有時候你失敗；有時候你為了他們而堅持，有時候你可能會讓他們失望。當然，比起讓他們失望，你會試著讓自己為他們多堅持幾次，你並不完美，但是你承認會為失敗而修正，為損失而補償，這就是自我的『彈性呈現』。」〔註55〕他不會因為別人的期待而受傷害，它也保護你不會因為別人的想法而感到懊惱，彈性呈現是成熟者的方式，他會運用根源本質來擋掉各種的傷害，在這裡星雲大師的根源來自母親、或來自佛法，如果整合是指完整地包含一個過程，那麼「所有通往天堂的道路，都是天堂。」〔註56〕一個初發心是完整的，當下就是完整的，而在整個過程中也都是完整的。星雲大師在《我不是呷教的和尚》回憶自己的糗事，由於初發心是完美的，所以到現在仍是完美的。

綜合上述，人類努力所累積的智慧，現在已被可度量的目標和科學的驗證所取代了，人們不再那麼關心的人性一面，因而也錯過了重要的隱喻，忽略了初衷的起源以及歷史的連結。本文論述星雲大師的書寫，說明了書寫成為一種慈悲的行動、溝通的語言以及祈禱的儀式，成為一種書寫的療癒面向，我們需要更深沈的東西來啟動我們心性，以及探索我們的本源。

第四節　書寫禪與「詩性」療癒

用靜心來專注、覺知、內化，靜心時人和自己的不如意相處，波濤洶湧的意念如狂瀑奔騰，生活中困苦的事件不斷湧現，為了書寫與創作，人必須深深地紮根，而不是活在社會邊緣。活力來自於身處核心，對於發生的一切保持清醒。因為人的靜心，人和自己的不自在相處，直側自己消化它、瞭解它，不再與它隔離，這就是屬詩性的領域。詩的文字創作是美善的、淨化的，星雲大師不曾停止對詩歌的創作，其所創作的詩歌在佛光山及其道場不斷被歌唱，詩性的療癒不斷在進行著。然而療療的過程並不容意，自己必須去直面它，這才是有益的行動。當人要靜心是不一定是靠靜坐，也不是唯一的方法，星雲大師用

〔註55〕大衛・里秋（David Richo）：《回歸真我——心靈與靈性的整合指南》，頁198。
〔註56〕大衛・里秋（David Richo），頁199。

詩歌讓人靜心的階段，他的書寫作品之中，有一本是非常特殊的文體，那就是
《詩歌人間》〔註57〕。這本詩集包含了四個部份：（一）詩—21 首。（二）歌
—65 首。（三）祈願文—50 篇；（四）佛光菜根譚—200 則。後兩部份讀者是
比較熟悉的：祈願文完全以白話文來書寫，淺白之中蘊藏深切的慈悲；佛光菜
根譚比古人的菜根譚更貼近現代人的需要，實用且含容無限的智慧。前二部份
會使讀者驚喜，星雲大師不僅是一位大家熟知的宗教家、思想家、哲學家、教
育家、文學家、實行家，更是一位詩的創作者。一位用生動易懂的文字，傳遞
深奧佛理與生活哲理的人間詩人。星雲大師的詩從二十世紀寫到二十一世紀，
這本《詩歌人間》，在人間佛教無限寬廣的路上，會變成永遠的「人間詩歌」。
本文配合星雲大師的故事，與其詩文互照，彰顯詩與心理學所對照的療癒效
果，並列下三點療癒面向：

一、承擔見證

　　星雲大師從小就始於一條痛苦的旅程，在那條崎嶇的路上，他要面對個種
亂戰、邪惡與恐懼。但這與他內心的道德美也卻與這些邪惡勢力形成共生關
係，在他的心靈裡的後爭不已，星雲大師後來學會與內在黑暗、強勢與衝突相
處，但是大部分的人忽略或去除這些內在的邪惡勢力，如果人願意聽聽星雲大
師的內在旅程，星雲大師將會引導人，星雲大師具體賦予強大的內在世界意義
和正當性，因此有著無不療癒的意義。因為「承擔見證」就是星雲大師曾經走
過的苦難旅程，他的見證都承擔起來，他是他的願、他本來的責任。

　　星雲大師為什麼在《詩歌人間》裡，為每一種身分的人祈願，在每個腳落
都有人需要被療癒，他希望能幫助每一個腳落的眾生，而且他不希望把每種病
情都請求交給佛陀來傷腦筋，〔註58〕他期自己就有能力幫助別人，他希望佛教
靠我，所以他要先為大家點燈，如〈一盞心燈〉：

　　　　點一盞心燈照亮黑暗的心靈角落

　　　　點一盞心燈帶來希望的每一分鐘燃起的火焰

　　　　點一盞心燈照亮黑暗的心靈角落點一盞心燈

〔註57〕星雲：《詩歌人間》（高雄：佛光文化，2013 年）。

〔註58〕星雲說：「怎能都是要求佛陀去幫助別人幸福、平安，那我自己是做什麼的呢？
　　　　難道我都不能向佛陀學習，為世界的眾生服務，為他們解除煩惱憂悲、為他們
　　　　帶來幸福嗎？」《我不是「呷教」的和尚》，頁299。

帶來希望的每一分鐘燃起的火焰一朵　兩朵　三朵　千朵　萬朵

留給哀傷的淚眼一朵　兩朵　三朵　千朵　萬朵

留給迷路的旅人點一盞心燈照亮黑暗的心靈角落

點一盞心燈帶來希望的每一分鐘燃起的火焰一朵　兩朵　三朵　千朵　萬朵

留給哀傷的淚眼一朵　兩朵　三朵　千朵　萬朵

留給迷路的旅人一朵　兩朵　三朵　千朵　萬朵

獻給哭泣的弱者一朵　兩朵　三朵　千朵　萬朵

獻給苦痛的眾生點一盞心燈帶來希望的每一分鐘……〔註59〕

這心燈正如母親告訴他要「有人相」，雖佛教重在無相、無我，但假如能夠為大眾、為社會、為國家、為世界做一些祈願，大眾都能受到感召，每個人都為別人祈願，而不是只為了自己，那麼世界和平一定可期。星雲大師所書寫的「點燈」意義，用一種儀式性的書寫來追憶一種根源的意義，人人都需要這種意義，並期望人人有源頭來潤澤自己。

　　娜妲莉引用柏尼禪師所稱述的語說：「開發一種練習叫做『承擔見證』（Bearing Witness），是當你進入一個很困難、很複雜的狀況，什麼都不知道，沒有既定的想法或意見，只能感覺、傾聽、活在當下，成為其中的一份子。不帶批判的心態，能讓你定位，以找到協助改變現況的方法，不是因為你需要讓事情變得更好，才讓你感覺良好，也不是為了消除你自己的恐懼，而使你在空虛狀態下行動，你自己將恐懼拿開，不再讓寫擋路。」〔註60〕星雲大師承擔了各種的挑戰與考驗，人們受難受苦之處，他總是心知肚明，他辦各種活動來化解人們的苦悶，用各種演講來取消人們的困惑，用書寫來療癒人們的病痛。

　　承擔了弘法的見證，這與意義治療也可以有所連繫，心理治療師弗蘭克曾說：「每一個人都被生命詢問，而他只有用自己的生命才能回答此問題；只有藉著『負責』來答覆生命。因此，意義治療學認為『能夠負責』（Responbleness）是人類存在最重要的本質」〔註61〕。故人的生存是一種實存的意義觀，意義治療學因尊重人的自由意志，因此並不是向人提示所需的生活意義究竟是什

〔註59〕星雲：《詩歌人間》（高雄：佛光文化，2013年），頁213。

〔註60〕娜妲莉：《療癒寫作——啟動靈性的書寫秘密》（台北：心靈工坊，2014年），頁206。

〔註61〕弗蘭克（Viktor E. Framk）著，趙可式、沈錦惠譯，《活出意義——從集中營說到存在主義》（台北：光啟文化事業，2010年），頁134。

麼？而是以實存的意義分析，點醒他人去了解人生是一種課題任務，每一單獨實存都應依據自己的生活、思想、教育、文化等等不同背景，去尋找適當的特定意義，以便完成個別不同的人生任務。在人生旅程上，特定的生活意義，隨著自我成長與環境變化，可有改變；認定人生乃是一種負責的基本態度本身，卻不能改變。

星雲大師的弘法見證乃是一種任務的負責，其建立在超越各種現實生活意義的「終極意義」上面。肯定人生的終極意義，等於承認在人的生命高層次，有超越的精神性或宗教性。那是一種任務、使命最高而可貴的價值，此價值不外是實存的態度本身。每一個人對於生問題所採取的實存本然性態度，乃是決定做為萬物之靈何適何從、超越生死的根本關鍵。

星雲大師一生不但沒有個人時間，他每一分每一妙都屬於大眾，尤其他沒有自己喜歡的、或不喜歡的，只要有益於佛教，有利眾生，他都會去做，他一生到底承擔了什麼？見證了什麼？從《星雲日記》例證可以了解一二：

（一）文化方面：寫稿的辛苦、改稿的煩人，多少晨昏、多少深夜，沒有拿過稿費，沒有得過鼓勵……。

（二）教育方面：創辦光華文理補習班、民眾補習班、智光中學、普門中學、壽山佛學院、東方佛教學院、叢林大學、中國佛教研究院，而至佛光山叢林學院、以台北男眾學院、國際佛學院，甚至在美國創辦西來大學。為了辦教育，深更半夜在山門口等北部外老師駕到，經費不足，甘願到殯儀館通宵誦經來增補學院的開支……。

（三）弘法方面，從鄉村到國家會堂，從軍營到監獄，從工廠到學校，從寺院到講堂，從家庭到機關，從國內到國外，從廣播到電視，至少講了千餘場以上……。

（四）慈善方面：一九五二年得花蓮大地震，自己連公共汽車都乘不起，了到處為震災而勸募；韓戰時，募集醫藥送往韓國；越戰時，支援購買難民般，搶救越南難民……一九九一年孟加拉和大陸水災，除了發動佛光協會會員捐助外，自己也傾其所有，各捐了一萬美元……。在佛光山先後創辦救濟院、養老院、孤兒院、診所、雲水醫院、公墓等，多少的誠心、多少的奉獻，點點滴滴，血淚的輸誠……。

（五）行腳雲遊方面：日韓佛教的訪問不止十次以上，星馬泰弘法
也有多次，八去歐洲，六朝印度聖地，十去澳紐，三去非洲，
走過美加東西南北，也看過中國大陸的壯麗山河。每到一地，
雖不夠自許散財童子行大布施，但廣結善緣，隨喜功德，確
能做到……。〔註62〕

星雲大師的燈點，亮在文化、教育、弘法、慈善、行腳雲遊等方面，這些不一定他必須做的、或其所喜歡的，但他回想起來，那都是他自己的責任心。他見證了每苦難的地方，也是他療癒的地方，這是星雲大師的慈悲所在。

星雲大師幾乎踏過各種地地，他承擔著所踏過地方的苦，他必須將這些苦難化除。回溯人類的歷史，似乎也擺脫不了爭端的宿命，兩認世界大戰也不能喚起人類的善良天性，廿世紀末，世界許多角落仍傳出殺、毀滅的哭喊，到廿一世紀人類的現狀並未有所改善，似乎各地方的苦難不曾停止，每一時代都需要有遠閱有恢弘氣度的領導者，帶領眾人走出這陰霾。星雲大師以一生的歲月，團結佛教派系，並融合其他宗教與社會資源，樹立了多元包容的典範，星雲大師是大格局的時代先行者，也為人心的療癒帶來更多光渡明希望。

一般人無從開始到結束堅持到底，所以做起「承擔見證」是不容易的。人們無法承擔巨大的壓力與痛苦，有時候人的行動，好像必須辛苦努力，才能找到心靈的慰藉，但有可能只是在掩館自己的逃避和麻痺，因為現實是難以承受的重，人們需要星雲大師那般的慈悲，培養出這樣的慈悲是對別人與自己都需要的，這個精神意義可以支持人的工作，讓它長長久久。

二、尋找大醫王─內在的佛陀

身為宗教的療癒教育者，必須關注在眾生的成長上，每一個人所表現出來的，都會呈現他們面對自我和專業經驗成長的軌跡，但療癒者必須自己體驗療癒的過程，他常常要往內觀照，專注在某一種狀態，這過程是一種修練，可能很痛苦、很可怕，但可以為志願與自我帶來成就。曾說：「我一生與比為友，無論大病、小病，彼此相安無事，不知不覺邁入了老年。多年來，曾經為我治病的醫師，有的是天主教徒、基督教徒，都成為我的好朋友，讓我體會到即使生病，只要保持樂觀精進，到處都是歡喜的人間淨土。」〔註63〕星雲大師正是

〔註62〕星雲：《星雲日記》，1991 年 9 月 16 日。滿義：《星雲大師的人間模式》，頁238～239。
〔註63〕星雲：《我不是「呷教」的和尚》，頁 225。

這樣的行者，別人看他他就像超人，但是他有脆弱、痛苦、傷痛的時候，這樣的痛可以為他帶來更加地投入，佛法的弘化是要持續斷懈的，他的工作必須要有深度，有生命、屬人性的火花，才能夠去療癒自我與別人，而只有這樣的人才敢讓別人看到自己的真面目。但有時候星雲大師也要示現為人間找佛、替眾生問佛陀，您在哪裡？如他所尋找的佛陀

「佛陀，您在哪裡」星雲大師說只要真心感覺祈禱神在人的體內散播，很自然地延伸出去，化為日常生活，並迴向給他人和世界萬物與法界一切，人可以將星雲大師祈願內化在自己的身上。如〈佛陀，您在哪裡？〉云：

佛陀，您在哪裡？

我不甘心，

七十五年的出家歲月，

天涯海角，

我四處尋找您；

我八去印度，

在佛陀您的祖國，

我想，可能會遇到您，

我匍匐在菩提迦耶金剛座旁，

高聳的迦耶大塔莊嚴雄偉，

但我沒有見到您的示現啊！

……

您雖然弘法於印度，

但佛法僧光大於中華；

我在中國的西域敦煌，

只見到您洞窟彩繪的畫像；

我也到過龍門、雲崗，

只見到您石刻的浮雕；

在大足、寶頂，

但那裡也只有您的聖像；

莊嚴美麗慈悲，

　　　　但我要看到的是您的真身吶！〔註64〕

眾生常常懷著困頓受難而且急躁的心情，在四處尋找可以依靠的對象，但是因為遍尋不著，常常在某個地方受苦與哭訴。星雲大師這裡隱喻的眾生追求依靠的樣子，雖然曾經到過這裡或那裡，不斷地在追求慰藉，但終究不知道佛的真身？星雲大師的這首詩就好像站在人的一旁，拍拍你的肩膀，在人的不安躁動的心上伸出一隻溫暖的手，那是佛的真身。

　　對於書寫禪，在心理上一方面是閱讀的心理內容，如閱讀前的心理狀態，閱讀中的領會意境，對本文含義、破譯符號的體系、浮現相關表象，獲取象徵意蘊等。第二方面是，讀者在閱讀時的反應，包括思想、情感、意志以至潛意識中的微妙變化。〔註65〕如果人能尋要依靠時，尋找佛的足跡，可以在宗教寺廟中，所以當在佛殿裡禮拜磕頭，佛有可能就在那裡；如果佛像裡有佛，對著佛像虔誠恭敬時，佛有可能是住在家裡；如果是在某位星雲大師的身上，不斷依循星雲大師的教法，從而體會對佛的認識，這些都可以追尋到佛的表象意涵，說事實是佛都投射在那內心對佛的信仰上。

　　公案的賞析完全依照閱讀者本身的體認而有所不同，根據格式塔心理學家的說法：「雖然主體的心理世界與來自客體的外部刺邀是兩種不同的媒質，一是心理的，一是物質的，但是主體的經驗形式與客體的刺激形式之間，卻可以有某種程度的同型和對應，這主要是指某種力的結構，如聚攢與分散、向心與離心、前進與後退、升騰與後退、筆直與曲折、和諧與混亂等，不論在物理世界或心理世界中都是共同存在的。」〔註66〕當人一心專注，五體投地，體會到佛如虛空一樣無限地廣大時，信心就增加了，佛其實在你的心裡；當你面對稱歎、讚美佛菩薩時，佛就住在你的口裡；當你繞佛念佛時數匝，佛也跟著你的身心一起周轉。只是這種情況，人不容易知道，因此禪宗不求成佛作祖，但求開悟見性，如星雲大師的詩：「佛陀您在哪裡？」隱喻著人的信心在哪裡？心就是佛，星雲大師要為眾生找到那「心」，這就是「異質同構」的心理效應，學者強調：「這現象不僅可以說明詩人何以要透過客觀的現象來表達自己內在情，而且可以解釋讀者何以透過詩歌作品的鑑賞，使自己心靈世界與之發生共鳴、同感而相契。」〔註67〕這是星雲大師的詩可以讓人共鳴之處。

〔註64〕星雲：《詩歌人間》（高雄：佛光文化，2013年），頁94。
〔註65〕吳思敬：《詩歌鑑賞心理》（台北：揚智出版，2005年），頁192。
〔註66〕吳思敬：《詩歌鑑賞心理》（台北：揚智出版，2005年），頁193。
〔註67〕吳思敬：《詩歌鑑賞心理》，頁195。

　　公案是語言的情感連繫，這些符號可以在讀者的腦海中喚起相關的表象，這一表象都有質具的結構模式，表象與表象之間也有相關的結構模式使之結合在一起。故星雲大師認為，信仰有多大，心中的佛陀就有多大。即當人的心理結構中也有與佛「同形同構」的模式時，在品讀時就會產生強烈的共鳴，就會於心有戚戚焉，而有莫大愉悅，進而產生療效；信仰有多純潔，心中的佛陀就有多純潔；信仰是什麼樣子，心中的佛陀就是什麼樣子。人到了徹悟的時候，就可以如實了知佛陀住在哪裡了。星雲大師說：「佛教講究規矩，講究講儀禮，但也說明了法無定法，一法是一切法，一切法是一法。法，真理的法不可以改變；世間做的方法，可就不一定了。」〔註68〕在這個悟處，不是佛陀與你同住，而是你與佛陀同住了，所以星雲大師要明確地說，佛住在「道」裡，道就是所有的一切。

　　禪門強調悟，悟則眾生是佛，迷則佛是眾生。星雲大師強調人一旦悟道了，就會懂得，佛陀隨時跟著你，從來沒有離開過；走路時跟著你一起走；吃飯時也跟你在一起；睡覺時也跟著你在床上，如《續傳燈錄》云：「夜夜抱佛眠，朝朝還共起。起倒鎮相隨，語默同居止。欲識佛去處，祇這語聲是。」〔註69〕日日夜夜都活在佛陀的真身之中，這是人不易知道的。因為人沒有信仰，無視於佛的存在，就得不到佛的力用，這就是不能理解何謂「異質同構」的道理？

　　星雲大師教人要尋找佛陀，住在你的慈悲裡，住在你苦行裡……曾說：「從佛陀到祖師大德，原有的寶藏無量無邊，我所能做的，只是把這許多智慧方便，將之與時俱進的發揚來。眾生的八萬四千煩惱，其實可以應病與藥的法，又何止八萬四千呢？」〔註70〕星雲大師與古來的高僧大德之所以為法忘軀，無所不能，完全是由於佛陀始終與他們共住同行，說明佛與人是異質同構的道理。

三、詩性的人生

　　這個世間天災地變都是比較好解決的苦難，相對於人禍，是必須長期面對的痛苦，只要有人的地方，就會有人與人之間的爭端，人與事、人與物等都會發生衝突，當衝突發生了所產生的痛苦，不是一下子就可以化解，人們需要被

〔註68〕星雲：《我不是「呷教」的和尚》，頁312。
〔註69〕《續傳燈錄》卷10，CBETA, T51, no. 2077, p. 527a16-17。
〔註70〕星雲：《我不是「呷教」的和尚》，頁319。

療癒，太多的地方，太多的人正在受苦，星雲大師要踏遍各種地方，接觸各種人事，他必須去撫慰他們，並把這些事化為詩歌。

　　觀看星雲大師的一生，他自己的童年可以用〈西方〉歌詞的第一段來形容：「苦海中，一片茫茫，人生像一葉小舟，飄泊在中央」大時代苦難重重，覺得很貼切。少年時期在棲霞、焦山，是個法乳長養的階段，可以用〈菩提樹〉、〈三寶頌〉、〈信心門之歌〉來代表，如云：「豐碩的果實，要用信心的根生長；無盡的寶藏，要從信心的門入。」當時他需要更多的信心。青年時，星雲大師說：「生命的步調，有了巨大的轉折，可以〈佛教青年的歌〉、〈禮讚佛陀〉、〈快版投佛陀座下〉到〈弘法者之歌〉，如云：「我教友齊努，為教作先鋒，赴湯蹈火，獻身殉教來，個人幸福非所願，只為聖教爭光榮。」這詩詞很能表達星雲大師的心情，又如〈佛教靠我〉，表星雲大師的一點志向。〈和諧〉一詩乃星雲大師所提倡的「五和」，從自心和悅做起，以家庭和順、人我和敬、社會和諧為基，世界才能和平。這就是對人間的心願，又云：「調整我們的過錯，為和平努力去做，讓世界多一份和諧，為普天下眾生，請加油！」〔註71〕施以諾醫師曾說：「有些學者發現，當適當的樂音介入情境時，體內會釋放內生性嗎啡（endogenous opiates），可以達到降低肌肉張力、阻礙神經傳導徑路的作用，進而產生「止痛」的效果。」〔註72〕佛光山有很多梵唄的樂音，以之將星雲大師的詩一起吟頌，將帶來無比的欣慰情境，故一首詩帶上音樂與信仰的力量，那麼療癒的效果必然會產生。

　　以上星雲大師這些詩歌，表面看來是星雲大師的敘事順序的排列，是不按條理，實際上卻是詩人內心強烈的生情感生活的表現，如果從滲透於意象間的力量與結構模式來分析，有發散的力量，體了感情由內向外的迸射；另一種是凝聚力，體現了感情由外向的聚匯。發散的力量給人熱烈感、凝聚給人厚重感，正是發散與凝聚的相對矛盾，讀者閱讀這些詩中時，不在於理清它的敘事序條理，在於體察滲透在這意象中的意義模式，以尋求和自己心靈中情感結構相同的地方。如果你也是對教既有深摯的愛切，又對就多年來的深重苦難感到痛心，就讓其「異質同構」的作用來療癒你。〔註73〕

　　自有詩歌以來，詩人和詩論家就給詩歌開列了數不清的功能，諸如美感、認識、教育、陶冶、藝悲、交際、療癒等等，假設這一切功能都是詩所具備的，

〔註71〕星雲：《我不是「呷教」的和尚》，頁366～367。
〔註72〕施以諾：《詩歌是一種抗憂鬱劑》（台北：主流出版，2018年），頁84。
〔註73〕吳思敬：《詩歌鑑賞心理》（台北：揚智出版，2005年），頁198。

那麼也是不詩歌自身直接取得的，只有透過影響讀者的自我意識才能得以實現。故發現自我，進而達到自我與世界的融合，使心靈獲得空前的自由，這才是詩歌最根本的心理療效。欲實現自我，必先發現自我，其實這就是參禪的意境。星雲大師用文字來進入禪境、覺知自我、書寫自我，讓禪透過書寫來療癒大家。如卡巴金云：「我們在覺知與接納之中，擁包正在發生的一切，因為我們沒有其它明智可行的選擇……如我們看見的，是與現有的、已存在的，以及即將展現的不可知，便持更明智的關係。這當中有一股力殘，有一種寧靜的尊嚴，毫不做做作，也非強求。」〔註74〕故星雲大師在創作之時和作品的緊密關係，展現著禪意的啟發，直指人心的慈悲。如〈心甘情願〉云：

> 心甘情願，許下諾言，無怨悔。
> 心甘情願，粗茶淡飯，好滋味。
> 心甘情願，不怕失敗，
> 心甘情願，，犧牲奉獻。
> 走過風風雨雨，走過漫漫長夜，
> 痛苦時不覺苦，困難時不覺難，
> 慈悲喜捨，心甘情願。
> 慈悲喜捨，心甘情願。〔註75〕

這首星雲大師的心聲從初心開始，當他許下承諾的那一刻，他的人生歷程已經在舖排，一切考驗不斷，吃苦連連，失敗犧牲是在所難免，風雨的長夜、病痛折磨都是家常便飯，這一切已經消融在星雲大師的心中，他唯一不改的意志在「心甘情願」。詩歌是詩人心靈的外化，是詩人的自我實現，每首詩都一個新的世界，每首詩都是一個自由的生命，偉大的詩歌中總展示著詩人博大的胸懷，體現著人的本質的豐富性，每個讀者都可從中照見自己的影子。但是有有真正的信仰，才在能從星雲大師詩中了解星雲大師的心胸，人沒有悟道，就等於沒有登堂入室，房子裡面有些什麼，一概不知；門上加了一把鎖，把人鎖在門外，人又如何了解屋內的寶藏呢？所以，學佛者更要了解自己的信仰是什麼程度？佛陀的法身在自己信仰裡是什麼樣的層次，自己的信仰就是那個程度。

　　星雲大師來台灣的之初，居無定所，卻經常隨喜幫助別人：有人要辦學校，

〔註74〕卡巴金：《正念減壓手冊》（台北：張老師文化，2015 年），頁 159。
〔註75〕星雲：《詩歌人間》，頁 236。

他就幫忙教書，有人要辦雜誌，他就去協助編輯；有人講經，他幫去招募聽眾，有人要建寺院，他就為其化緣。因此，一些同參們都笑他，說他總是被人利用來打前鋒。一直到他自行創辦佛學院（1965年），某友人對他說給人利用才有價值啊！這點出了星雲大師的心聲，他不是刻意要這麼做，但隨緣自然地喜歡幫助別人，甚至後來提出「四給」的精神：「給人信心，關懷他人多讚歎；給人歡喜，面帶微笑常問好；給人希望，言談舉止要溫和；給人方便，有事相助對推託。」〔註76〕星雲大師在數十載歲月裡一直本此信念，心甘情願地與人為善，給人利用，無形中為他的人生開拓了無限的「價值」。

除了作詩之外，當人能把星雲大師的詩歌拿起來吟誦時，當會讓人肅容而定氣，清朗音聲，然後都能審律節調，不可急躁，也不可放蕩，不可氣衰而心驚，只要朗誦敬了可以精神宣暢，心氣調和，能讓身心達到「有氧運動」。正如黑格爾所說：「詩不僅使心靈從情成中解放出來，而且就在情感本身裡獲得解放。」〔註77〕古人也「詩言志，志詠言」詩者持也，詩能持人的性情。

綜上述星雲大師的書寫作為療育的面向，是基於對主體自我的觀省，也是屬於佛性的發現，從「異質同構」中這發現，並不是對象都都能一一照映出自己，而是對象中與閱讀者自己心靈的那「一點靈犀」相通，這一點相通主體的心靈結果與對象的刺激模式出現「同形同構」〔註78〕，這時滲透在審美對象中的詩人的情和經驗也就成為讀者的情感和經經，詩人與讀者之間發生了意義，這意義乃使得讀者的心靈彷彿一下子被照亮起來，讀者的生命療育與療癒乃成了自身生命形式的觀照。

〔註76〕星雲：〈佛光菜根譚〉《詩歌人間》，頁 558。
〔註77〕黑格爾著，朱光潛譯：《美學》第三卷・下冊（北京：北京商務印書館，1994年），頁 188。
〔註78〕吳思敬：《詩歌鑑賞心理》（台北：揚智出版，2005年），頁 202。

第五章 結 論

　　禪法是討論每天最迫切的事情——眼睛要看、耳朵要聽、鼻子要聞等等，只要守護六根就是已控制一切，修行圓滿了，這正是修習禪的核心。臨濟義玄主張：「心靈之我即是佛，佛在自身而非在外，且內外一切皆空，以『不二』將這二種思想溝通。」〔註1〕這不二思想其實就是禪的精要，如義玄禪師每以打喝等特殊的方式導入，其機鋒峻烈，接引學人單刀直入，入處痛快，掃除情見，直接頓入，解除病症，唯癒後仍得滌除習性，療癒者仍必須長期努力。

　　禪門自南嶽、青原二系相繼分流成為南禪五宗，即所謂「一花開五葉」，其中臨濟宗又演化成黃龍、揚岐派，形成「五家七宗」的發展盛況，也以接引方法日益多姿多樣，從簡易直截的以心印心的禪法變成千姿百態的公案禪。

　　本書依臨濟宗所發展出的文字禪、看話禪與書寫禪，闡述禪從「不立文字，教外別傳」的直指人心方式。禪門到了兩宋儒、禪相互滲透的環境下，北宋階段一些有知識功底的禪師因此走上了，從文字上追求禪境之路，從而促成了文字禪的形成與發展。又以由於公案模式來論述療育的法式案，其模式不斷演變，從對公案的鑑賞、閱讀、書寫等，展開教風有所不同，然而參悟的原則沒有改變，茲將本文的論述做一回顧與展望。

一、文字禪與療育的回顧展望

　　文字的療育，以《碧巖集》的「文字禪」為例。其文字禪也被稱為「葛藤

〔註1〕楊曾文：〈臨濟宗的門庭設施及其現代詮釋〉《兩岸當代禪學論文集（上）》（嘉義：南華大學宗教文化路究中心，2000年），頁203。

禪」〔註2〕，意指「一切禪僧之詩及士大夫所作含帶佛理禪機的詩歌」〔註3〕。
是北宋禪風在士大夫知識分子向禪後，對文字解釋的需求，以及禪學自身發展
到通過對古代公案的註解、詮釋乃至繁瑣的考證之下，所形成對公案的觀察。
宋代的「文字禪」是繼唐代馬祖以來農禪合一的風尚後，又一次特別高峰突起
的展現。這是融合僧俗、佛儒合一，文士禪林化的文化現象，因此其影響也就
不限於禪門本身，可以說「文字禪」乃是北宋禪宗在佛教思想史、經藏偈頌著
述、世俗詩歌文學與書畫藝術等各個面向上，全方位的文化現象。

　　從禪宗宗風本身「不立文字」到「不離文字」的言意觀來看，如拾得詩云：
「我詩也是詩，有人喚作偈；詩偈總一般，讀者須仔細。」〔註4〕開始，一股
以詩說禪的風潮已悄然開端。唐人論詩，原於儒家之情志主體仍然不變，但融
攝佛理後，已開始了「凝心穿境」「因定而得境」的創作論，也已融入以取境
高下作為分辨詩體高下的審美觀，漸漸開展了「以禪喻詩」的道路。從唐入宋，
「以禪喻詩」風氣大開。其後皎然以教下眼光看詩，常以「徹空王之奧」「得
非空王之助耶」〔註5〕，詩禪合轍有了明顯的認同。

　　《碧巖集》一書，舉例其禪偈禪詩與《詩歌療法》展開接受性、指示性及
開創性的方法，展開公案成為療癒的可能。如「接受性」（指定性）的方式，
乃是是讀者自賞析詩文時，接受了詩中的意義，自行感悟而有了新的心情，這
心情通常是正向的，故可稱為「接受性」療法。本文所採「接受性」面向為療
癒原則，以參禪者在禪偈之中品味時，其心理過程可以表現為三種階段：1. 語
言訊息的接收、2. 意象的顯現、3. 深層意蘊的探求等，其中語言（文字）的
接受是基礎，接收到接受，才可以轉到意象的生起，而意象的再造是橋樑，這
橋是通到更進一步的「觀」，這種觀就是深層意蘊的探求，它也是文字般若可
以讓人「開悟」的關鍵。

　　克勤禪師在《碧巖集》公案的要旨，其乃是以「不說破」為原則，要滿足
參禪者的理解力，需要太冗長的討論，每個人的生命有限，而悠悠之口太多，

〔註2〕《普覺宗杲禪師語錄》卷 1：「雲居舜老夫，常譏天衣懷禪師說葛藤禪。一日
　　　　聞懷遷化，於法座上合掌云：且喜葛藤椿子倒了也。」CBETA, X69, no. 1362,
　　　　p. 621c2-3 // Z 2：26, p. 24c6-7 // R121, p. 48a6-7。
〔註3〕蕭麗華：《「文字禪」詩學的發展軌跡》《台大佛學研究中心學報》，2014 年 12
　　　　月，16 卷 1 期，頁 81。
〔註4〕《寒山子詩集》，CBETA, J20, no. B103, p. 668a19-20。
〔註5〕蕭麗華：〈從儒佛交涉的角度看嚴羽《滄浪詩話》的詩學觀念〉台大《佛學研
　　　　究中心學報》第五期（2000.07），頁 263。

所以他選擇直截記錄下來以解析它。就此鈴木大拙曾說：「當這些做完了，我們所由之開始的原始直觀已經遠逸而去；事實上，我們已不知道我們確實是在何處？因為論證之塵已經厚厚的蓋滿了我們全身。」〔註6〕這方面說法在克勤禪師身上是不適合的，畢竟他仍是一位開悟的禪師，「那只適合沒有開悟的學者」〔註7〕，克勤禪師想要拿出寶藏每一個人，但即使他想拿給人也做不到，那不是不要渡，而是不能渡，因為只有自己才能渡自己。

　　禪師觀察心念的三條原則：一，不要尋找現象，不要作假設或預先等待，讓心理現象它自然發生，然後，當下即是認出它。二，產生疑點，現象出現時不要把注意力移向它，站在外面看。觀察事本身的狀態，那是智慧之由來。三，隨著心理現象的生起，注意心裡是否有喜歡與喜歡產生，並且覺知它。經常練習，無論什麼現象生起，心將漸漸自動生起平等心，當人以這種方法去觀心，將會對任何生起的現象如實了知。〔註8〕當人看到身和心的本來狀態，或看到身和心不是我們，持續地觀察身和心，終能到身心之流的變化無常，看到它們的虛幻不實、無住，看到它們變化的自然屬性。

　　由於公案是非常簡易，又非常幽玄，日常語言無法表達，所以在《碧巖集》中引用雪竇重顯的偈頌，其形式是曲折地表達深刻的含意，這樣的含意也是不易解答，只有透過開悟的禪師，克勤在評唱點撥中展顯穿透的智慧，往來於公案之間顯得非常有力，有輪刀上陣的氣概。其《碧巖集》在禪宗的流行上產生了重要性傳承，也開發了禪師的生命力量。而公案本身有無功德，若不能以心去持，那麼文字只是文字耳，克勤批判那些只記憶經典、計算一天讀多少字的人，也反對將教家把三金剛經文喚作「持經」。對克勤而言「持經」與「功德」，都是自己的本來清淨的自性，文字本身沒有任何功德，參禪必須要親自實踐，用生命去體貼，才能有證悟解脫的可能。

　　如此看克勤並不否定文字，只是將文字當作一種方便。證悟的禪師運用文字作為指涉真理的工具，克勤認為禪師若不重示於人，都無利益。如果沒有古今言教、公案及祖師們的開示，則後來的學人便失去修學的方法與目的。實際教學上，禪師們使用文字，是為撥正學人的缺失，指出入門參禪的方法，或是檢驗學人的工夫進境，本論藉由藉由詩歌療癒的理論帝帶出文字禪的療癒。

〔註 6〕鈴木大拙：《禪學隨筆》（台北：志文出版，1990 年），頁 187。
〔註 7〕鈴木大拙：〈禪：答胡適博士〉《禪學隨筆》，頁 148～191。
〔註 8〕林崇安：〈「覺之教育」的實踐原則及方法〉參考 www.ss.ncu.edu.tw/~calin/article2008/。

　　詩歌做為療癒由來已久，精神醫師施以諾著有《詩歌，是一種抗憂鬱劑》歸納詩歌可是心靈處方，如詩歌是：「1. 帶來喜樂的心靈處方。2. 帶來寧靜的心靈處方。3. 帶來方個的心靈處方。」並認為：「詩歌，不只是一種藝術，一種娛樂、一種創作，更是一種療癒。」〔註9〕從文字禪中看到以接受性與創作性的理論等，來展開「詩歌療法」上的運用，在接受性療法中，從「語言訊息的接收」來觀看禪宗公案的文字，並從其文字看到了接受之感情，進而有「意象的顯現」即隨著禪師的指引，自己也不斷敞開意象，甚而進入「深層意蘊的探求」與公案所要給予人的領悟方式契合。當創作性療法，是以「意象的創作」指創作某些作品，指以書寫來心心相印的禪法，只有具有高度悟性的人才可體會，禪法在說與不說之上，它超越了語言，語言是表達表象意識的工具，說空性屬於人的深層意識，要自證自悟才能認識。

　　從公案創作的意象中與作者的意象共融形成「隱喻的凝聚」，將又進入另一種領悟心態。從禪師對同一公案的表示上會產生「代替與移置」的效果，亦即自己在某種心識上也能依此「代替與移置」進而了解禪詩意象在天為明月，在地為青山為綠水，在手中為佳釀為玉杯，禪師常是荒唐無際，悄然流動於與風、月、山、水之中，無形無色卻可親可感，能自然而然給出療癒。

二、看話禪與療育的回顧展望

　　北宋臨濟宗分為黃龍派和楊岐派，是中國禪宗史也是中國佛教史上的重要事件，這兩個派別乃是從善昭的弟子楚圓的門下產生。此後，中國佛教史書往往將禪宗派別統稱為「五家七宗」，即：臨濟宗、溈仰宗、曹洞宗、雲門宗、法眼宗和臨濟宗的黃龍派和楊岐派。然而實際情況是，以後的臨濟宗已經不再單獨存在，不是屬於黃龍派就是屬於楊岐派了，後來黃龍派沒有傳人，楊岐派又統稱為「臨濟宗」，一直到現今。

　　圜悟克勤之弟子大慧宗杲，因擔心參禪泥於言句，而著重語言不重禪本，其有著十分積極的動作以「看話禪」開創新局。大慧禪師同時也帶著救國救民救佛教的心態，故他的禪風帶有主體性、積極性、倫理性等禪風。在宋代輩出的禪僧中，沒有比大慧宗杲的影響力更大的。他的法語浸透人心之深，幾乎空前絕後。如《僧寶正續傳》記載：「凡中夏有祖以來，徹法源，具總持，比肩

〔註9〕施以諾：《詩歌，是一種抗憂鬱劑》（台北：主流出版，2018 年），頁序 12 及目錄頁。

列祖，世不乏人。至於悟門廣大肆樂說無礙辯才，浩乎沛然，如大慧禪師，得非間世者歟，盛矣哉。其應機作略，能奢能儉，能嶮能易，能縱能奪，機機盡善，扃扃皆新，此所以風流天下，名動九重，號稱中興臨濟，不是過也。迨其去世，未幾道價愈光，法嗣日盛，天下學禪者，仰之如泰山北斗云。」〔註10〕究竟當時士大夫的生活意識是什麼呢？那無非是在於中科舉而任官，集權力於一身，並且弄文吟詩置身於法外。但當國難時，竟是結黨伐異，陷害他人於不義，以保住自己的利益。因此他們所謂的仁義，也都是掩飾偽善的面具而已，自然難免引起責難。時大慧慨嘆說：「士大夫學先王之道，止是正心術而已。心術既正，則邪非自不相干。邪非既不相干，則日用應緣處，自然頭頭上明，物物上顯。心術是本，文章學問是末。」〔註11〕看話禪的重點就是要看出言外之意，能夠看出必然是心術端正、專注、無邪，所以在大慧看來儒、釋是不分的。

禪門雖是教化，也是一種生命教育，但卻不是知識的探討。禪的重點在於實踐與體驗，是一種親證、直接而明白的內在深處的特殊經驗，其意不在語言文字的詮解。在臨濟、德山、巖頭、雪峰等人之時，並未有看話禪、默照禪之分。其分化由某種意義而言，雖然亦是種發展，但如上述定慧必須雙管齊下方是正鵠。必須動中有靜，靜中有動始能圓滿實現禪道。楊白衣：「後世都以為曹洞宗為默照禪，臨濟宗為看話禪，但事實上並不能以此作為劃分此二家之標準。要知當五家七宗成立時，並無看話禪與默照禪的說法。」〔註12〕故法演評五家的宗風：「臨濟『聞五逆雷』、雲門『紅旗閃鑠』、曹洞『馳書不到家』、溈仰『斷碑橫古路』、法眼『巡人犯夜』。」〔註13〕這些師家都有其宗風特色，各個於禪門各有擅場，每位都有遊戲三昧的本事，故也成為當時禪風大盛的氣象。

〔註10〕《僧寶正續傳》卷 6，CBETA, X79, no. 1561, p. 579a10-16 // Z 2B：10, p. 307c11-17 // R137, p. 614a11-17。

〔註11〕《大慧普覺禪師語錄》卷 20，CBETA, T47, no. 1998A, p. 898a3-6。

〔註12〕楊白衣：〈看話禪之研究〉《華崗佛學學報》第 4 期（台北：中華學術院佛學研究所，1980 年），頁 23。

〔註13〕《五燈會元》卷 19：「如何是臨濟下事？師曰：五逆聞雷。曰：如何是雲門下事？師曰：紅旗閃鑠。曰：如何是曹洞下事？師曰：馳書不到家。曰：如何是溈仰下事？師曰：斷碑橫古路。僧禮拜。師曰：何不問法眼下事？曰：留與和尚。師曰：巡人犯夜。問：如何是白雲一滴水？師曰：打碓打磨。曰：飲者如何？師曰：教你無著面處。」CBETA, X80, no. 1565, pp. 391c20-392a1 // Z 2B：11, p. 365c12-17 // R138, p. 730a12-17。

　　南宋時黃龍派的無門慧開禪師，也承繼了看話禪風，接受到大慧的影響甚深。無門慧開繼參臨濟禪，繼大慧的禪風，於一十五處道場隨緣赴感，八萬四千偈頌信口入玄，時謂「籠罩古今」，令人時人讚譽。《無門慧開禪師語錄》序云：「碧巖集之後，評唱公案甚多。而不墮解路發明宗旨者，獨無門開公乎！予曾閱無門關四十八則，知其然矣。今又得此諸會語錄，遮我睡餘之眼，則眸子為之活動，巖電為之閃爍，蓋以其痛快破寂，如雷驚蟄也，而無味之談、如砒霜、如狼毒，是故無人能下舌頭，宜乎此錄久絕流行。或云今也宗風日起，不乏其人，若下疏決手試令翻刻，不但開公法身之設利羅重，放不朽之大光明。抑亦有知毒用者，必能瘳瞑眩疾。其久絕流行者，原泉之盈科也，既盈而後進，今正其時也。」〔註14〕

　　無門慧開的禪行痛快破寂有如臨濟，即使用毒幫人解病，也必然能重病得癒，他的教法如源泉的滋潤，而當人心正是需要這樣的療癒。他以大慧為教法，慧開云：「無用和尚未為僧時，請益大慧和尚，令看起滅處。未經兩月，於行廊下聽奴子喝云看火燭，忽然有省，可謂築著南邊動北邊也。」〔註15〕他自己也是因為參看起「無」處，而自有悟處，是以對大慧十分推崇。他曾解釋禪者的游戲三昧，如云：「久久純熟，自然內外打成，一片如啞子得夢，只許自知，驀然打發，驚天動地。如奪得關將軍大刀入手，逢佛殺佛，逢祖殺祖，於生死岸頭得大自在，向六道四生中，遊戲三昧。」〔註16〕此即謂活靈活現，打成一片。

　　本文依《無門關》為文本，讓「看話禪」與「閱讀療法」展開對話，闡述接受、淨化與領悟等治療原理，許多人或不識佛，也不接受大醫王的說法，《無門關》以各種祖師的話頭，想要真心確切地解決人生的病痛。今人遇到壓力時，造成的病痛，科學常常檢查不出任何生理的創傷，只好轉介給精神醫師，然說大部份人次為心識與身體是分開的，許多人對精神醫師也沒什麼好感，他們認為痛苦屬於身體，跟心識無關，然而從閱讀療法可以看出，身體與心志是深層的統一。

　　「看話禪」之閱讀的領悟，是讀者在經過認同、淨化之後，對欣賞對象深層意蘊的追問和思索，這追問和思索就叫是一種「悟」，一旦悟有所得，人就

〔註14〕《無門慧開禪師語錄》卷2：CBETA, X69, no. 1355, p. 368b3-12 // Z 2：25, p. 264c5-14 // R120, p. 528a5-14。

〔註15〕《無門慧開禪師語錄》卷2，CBETA, X69, no. 1355, p. 363a12-15 // Z 2：25, p. 259b16-c1 // R120, pp. 517b16-518a1。

〔註16〕《無門關》，CBETA, T48, no. 2005, p. 293a6-10。

彷彿覺得突然之間被智慧的靈光所籠罩，頓時感到生命得到了飛躍，人格境界得到了昇華，有一種豁然開朗，大徹大悟的喜悅。閱讀是審美的心理活動，但是並非所有的讀物都能夠給人帶來「領悟」。因為只有那些富含生命哲理的作品，才能引起導讀者追問生命中最基本的問題，也不是所有的讀者在閱讀同一件作品時都能達到領悟的境界，只有少數富真性情、勤思考的讀者才能達到「領悟」。更多讀者的閱讀，都是在認同或淨化的作用，故相對地說，閱讀療法的效果也以「領悟」為最大、淨化次之、認同又次之。

　　《無門關》「看話禪」的教法，仍然持續在其後的禪門之中，唯加入了各種元素。禪的認同、淨化與領悟的情境，包含著物我渾一或雙忘的境界，它是活活潑潑，靈動機巧的，「不是死寂的，了無生氣的境界。物我之間還是不斷地溝流的；物的形相為我所吸納，我的情感遣注到物中去。故還是充滿任運流通的生氣的。是不取不捨的妙用」〔註17〕。因此看話禪用在內觀時，品鑑時應該進入佛性三昧，泯除一切分別意識，達到物我雙忘的境界。而後自然能隨機設施種種方便語言，形成詩中靈動的美感。閱讀的領悟乃指達到超脫自在，無拘無束的境界，即是參禪所達到解脫的境界並無二致，在觀照看禪中能獲得精神的大自在。自大慧宗杲之後，無門慧開、中峰明本、紫柏、憨山、虛雲等禪師因長期參究公案，在本書中亦展開療癒的思想機制，其公案內容能開出認同、淨化、領悟等三種對話，作為閱讀的效果。如《無門關》公案的閱讀，可能產生審視的效用與機轉，即讀者與公案之內容互動後，當產生認同、淨化、領悟等心理作用，從而協助讀者解決問題與有效地發展自我。其中「認同」指的是同情共感與移情作用，透過閱讀使讀者認同書中的人物，感覺自己並非唯一受苦者。而所謂「淨化」的過程，乃是讀者以旁觀者與參與者的角度閱讀，與故事中之人物分享感覺、情緒、挫折等，因此得以釋放被壓抑的情緒而有解脫之感。至於「領悟」則是指藉由文字語言中角色的遭遇與情境照見個人的情緒、問題、行為反應等，並以成熟理性之態度面對自我，最終能領悟生命，產生自我化解，正如「無」的證悟，這樣的讀者可謂已經成為參禪者。

　　看話禪是時要專注在內容的境界上，亦要保持心中無雜無思，任何的偏向要立刻警覺，並將心境微調至「看話禪」之境。當讀者透過閱讀適當之禪詩禪

〔註17〕吳汝鈞：《遊戲三昧：禪的實踐與終極關懷》（台北：台灣學生書局，1993年），頁238。

偈之內容產生情感與認知上的變化，因而能解決情緒困擾問題，進而達到情緒療癒之效。這就是閱讀的療癒，讀者從負面情緒中釋放出來，且身心恢復至安適的狀態，是本文探討閱讀公案的用心，目的乃在改善個人生命發展的困頓，同時促進身體自然癒合的能量，從而得以維護其身心健康，進而進入參禪的心境。

三、書寫禪與療育的回顧展望

星雲大師其一生的書寫，不但超越了古今的僧人，一般作家也難能企及。他的書寫創了佛光的禪風與療法，展開了禪門對現代社會人性的治療。本文乃從「書寫與覺知療癒」、「書寫與願力的療癒」、「書寫與詩性療癒」三個面向，來表達佛光禪的療癒。

星雲大師主張「禪淨合一」，其保有明末以來參禪的風格與特色。大師以文字來向大眾說法，從「書寫與覺知療癒」上，大師的覺知乃以佛教經論及漢傳佛教傳統為基礎，適應現代社會的需要，逐步定學對佛法的修行非常重要，但傳統的漢傳佛教往往忽視了定的修行，為此其禪風特別重視禪定之養成。星雲大師認為，佛教本是在人間，他的佛理不重在空談理論，而是要落實在人間生活裡，要能弘揚，要能推動，所以佛法除了說明義理之外，還要舉辦各種活動、事業，讓廣大群眾有各多的管道來接觸與參與，所以對於禪的運用，也是在生活、人間、家庭、社會等能發軍應有的啟點功效。大師乃將生命學、生死學、生活學融貫為一，是圓滿生命的佛教學。從而將山林、出世形態的佛法，改革為入世形態的佛法；將神秘的、心傳的禪法，通過文教活動轉化為開顯的、教化的佛法。

生命中的無明是輪迴的根本，無明是一切疾病的根本，所以一定要從智慧方面作正確的思考，用正確的見解去破除。除了禪定、持戒之外，能夠有力完全斷除習氣的，就是智慧。無明即錯誤的思想，直接導致生死的輪迴。大師認為：「正見就是離諸顛倒邪見的正觀，是如實了知世間與出世間因果的智慧，是透過三法印、四聖諦、十二因緣等佛教的教理來觀察宇宙萬象而獲得的正確見解。」〔註18〕般若正見能破除無明，能導六度萬行以入智海，為六度的根本，是一切善法的淵源，能夠度越生死之海，到達菩提彼岸，因此稱為諸佛之母。大師的以其文字、願力與覺知，處在「不生、不滅、不垢、不淨、不增、

〔註18〕星雲：《人間佛教的戒定慧》（高雄：佛光出版社，2013年），頁210。

不滅」的諸法空相的境界裡頭了，從「觀照般若」進入到「實相般若」的階段是這樣修的，這就是修所成慧的成就。

從「書寫與願力的療癒」上，大師的書寫來自於其願力，但願人間佛教的修行，就是隨緣自在、不貪求。懂得世間無常、無我，慢慢地慈悲心就培養出來，對一切人都很溫和，不跟人爭執計較。真正的人間佛教，一定是先開悟後修行的。大師云：「生命不是出生以後才有，也不是死了就算結束。如果人的生命這麼簡單，生死就不值得畏懼了。……若生死中有佛，便能無生死。若知生死即涅槃之理，便能無可厭生死，亦能無可願涅槃，自是超脫生死，故唯探究一大事之因緣也。」〔註19〕如果人能夠多多欣賞大師的文集，認清這大事因緣，斷惑證真，覺悟生死同於涅槃的道理，就不會讓生死迷惑自己，而能超越疾病乃至生死的藩籬。

大師教學人從禪堂出去以後，隨時要用功的參禪，等到自己的心裡很清楚每個起心動念，那就能夠在日常生活舉手投足的當下，都清楚地辨別善惡、是非、邪正，就能把身口意控制得宜，這樣的生活是為「依正知而住」。正知，是一種高度的警覺性，隨時隨地對自己的起心動念都能明明白白，清清楚楚。在日常生活裡頭，唯有禪定的薰習，才有辦法培養這種「正知」的力量來降伏煩惱。遇到境界時，馬上返觀自照，運用般若智慧來處理人、事、物、五欲等等。唯有這樣時時斬斷煩惱，破除無明，才會福慧圓滿。生活要依止正知而行，安住在正知的裡面。對每個起心動念都能清清楚楚、明明白白、知道這個念頭善惡、是非、清淨雜染。明白了自己的心念，行為上就能克制自己該做或不該做、該說或不該說。因此佛光的參禪人，是在生活上「依正知而住」，不論是無意的睹見，或有意的瞻視；手臂支節的屈或伸；飲、食、行、住、坐、臥、寤寐、語默、動靜等，都要保持覺知。

從「書寫與詩性療癒」上，大師以其一生的實修體證，寫出其佛法真義與生命的情感，在推動人間佛教時，力倡回歸佛陀本懷，導盲向悟，讓佛法能夠讓人受益。關於超越宗派的融合立場及佛教整體觀，大師指出：「佛教裡有主張專宗修行一門深入的，專宗修行不錯，但不能有宗派的爭執。不管你是禪宗，他是淨土宗，我是天台宗，但大家所修所學的都是佛法，應互相尊敬，不要互相非難，我個人覺得佛法義理融通比佛法宗派對立要好。經常有人問我是什麼宗派？我出家的師承是屬於臨濟宗的，但目前佛光山不屬某一宗派，假如有人

〔註19〕星雲：《人間佛教的藍圖（二）》《普門學報》第 6 期/2001 年 11 月，頁 9。

一定要問什麼宗派，我們就說他是『釋迦宗』吧！我不忍心把佛法分割，我們應融通佛法作整體的發揚。」〔註20〕對於這樣開示，佛光山的佛光禪，也是人間佛教的禪，也名為釋迦宗的禪。大師與佛光山僧團正是「本諸『以眾為我，以教為命』的精神身體力行地實踐著這一理念。」〔註21〕大師無疑是踐行這一理念的典範，他的一生所開示的佛法，乃至所推動的佛教事業，甚至日常生活中的言談、行儀，無不呈現人間佛教的思想內涵與具體實踐。

　　佛教雖然重視知識和理論，但是更重視實踐和修行，大師對佛法知識深入理解的基礎上，要運用到生活中，在生活中修行。修行要發慈悲心，以慈悲待人，自己的言行舉止都要慈悲，以慈悲來修行。故其說法都是應用在生活中。如王偉說：「大師認為在生活中踐行佛法就是修行，佛法不僅僅是經書上的理論，日常生活中的行住坐臥、穿衣吃飯、搬柴運水，都是佛法，日常生活中處處都有佛法。」〔註22〕因此大師的說法從日常修行從起床便已開始，一天中的接人待物乃至獨居自處，都要效法佛菩薩，這正是大師慈悲為本，為他人行方便的教法。其說法時的沒有隔閡來自於大師的平易近人。當他到海外各地，往往是短暫的時間的停留，很多人都希望跟大師會面、請法。有時即使是一個小孩，或一個素昧平生的市井小民想見大師，只要時間許可，他總是滿人所願。也經常有人在匆匆之間，希望大師能開示他一句話，讓他知道如何遵循，大師想到一句也只要受用，也可能改變人生，所以他總是從善如流。這也形成大師對話這一種現象的注意，他隨時將自己一生受用的「一句話」搜集起來，如「心甘情願」、「老二哲學」、「給人利用」、「錢用了才是自己的」、「不比較、不計較」等精要的語句，日久累積就成了《往事百語》。自從這本書出版後，很多信眾因為閱讀裡面的「一句話」，在生命裡發揮很大的力量，「一句話」的療癒力量也在潛移默化中展現了效果。〔註23〕

　　星雲大師以文字為眾生帶來無盡的光明與希望，他的開示滿載了對千萬眾生無盡的大愛，大師的一句話禪語，柔軟了許多人的心，為無數人的生命增添了色彩與力量。文字的療癒來自於本身的修持，大師的形象本身就是一

〔註20〕星雲：《星雲大師講演集（一）》，頁147～148。

〔註21〕劉澤亮：〈理念與實踐養成的人間佛教〉《普門學報》第40期，2007年7月，頁2。

〔註22〕王偉：〈慈心悲願，利樂人間——從「慈悲心」看星雲大師人間佛教思想與實踐〉《星雲大師人間佛教理論實踐研究（上）》，頁411。

〔註23〕釋滿義：《星雲模式的人間佛教》，頁80。

種無言的溝通，在與外藉人士見面談話時，雖然不一定聽懂對方說什麼，但大師會很有禮貌地注視著對象，細細聆聽對方所要表達的，這種尊重的聽觀就是一種禪的溝通，而大師的一句話正好為對象給出療癒，適時地化解眾生煩惱。如云：

> 二千多年前，佛陀不但自己了悟「緣起性空」的人生真諦而證悟成佛，並且留下千經萬論，指出人生的真相，幫助世人解開生死之謎，所以佛法是宇宙人生的真理，佛教的三藏十二部經，其實就是一部指導人生方向的生活寶典。因此，以慈悲、智慧、結緣、忍耐、慚愧、感恩、知足等佛法來教化世道人心、淨化社會風氣，這才是佛教的真正主旨所在。〔註24〕

大師教人以禪來開發自我的般若智慧，如此才能分辨邪正真偽；斷除煩惱，才能自度度人，究竟解脫。大師認為佛教雖然重視知識和理論，但是更重視實踐和修行，對佛法知識深入理解的基礎上，要運用到生活中，在生活中修行。修行要發慈悲心，以慈悲待人，自己的言行舉止都要慈悲，以慈悲來修行。大師認為修行不是僅局限在寺院中，在生活中的修行更為重要，在生活中踐行佛法就是修行。佛法不僅僅是經書上的理論，日常生活中的行住坐臥、穿衣吃飯、搬柴運水都是禪機，日常生活中處處都有禪，因此佛教徒的日常修行從起床便已開始，一天中的工作出坡、接人待物乃至獨居自處，都要效法祖師大德時時專注在心。

當我們在閱讀大師的詩文時，當會經歷認同、省察與投射的階段：如閱讀大師的作品中自己喜歡的詞句或場境時，對其人生經歷的問題、思想、情感、行為產生認同、移情和共鳴，無意觸及自己的內心世界，並增加自己的書以為常的情感有所啟示，進而心有效法之行動。又如在品賞大師的詩歌時，回歸到自己的經歷並與其做比較，省察自己的責任和失誤，並感受到大師所帶來的解答。又如採射階段，讀書不經意地用自己的經驗和知識，解讀大師所書寫的心境或意志，並可以設身處地地嘗試為大師書中的人物事提供解決問的策略……等等，這都是書寫或閱讀所引發的療癒效果。〔註25〕

〔註24〕星雲：〈佛教與學的往事與未來〉，《人間佛教論文集（下）》（台北：香海文化，2008 年），頁 129～130。

〔註25〕邱鴻鐘：《大自然是一間療養院》（廣州：暨南大學出版社，2014 年），頁 51～52。

　　綜觀上述，從文字、看話與書寫，來品鑑公案的鑑賞、閱讀與書寫等面向來開展生命的療癒，佛法立足人間道上，以禪法的關懷，提出多元格局的作為，並回應現代社會的一個基本事實。禪是對自身角色要重新認識的，禪師重視自身對於國家、社會的貢獻，強調自身服務性的方面，這從實踐的角度來講，歷來的禪師是一步一腳印地走在世間。禪是包容民間信仰的尊重，從善巧方便的角度也可以認同，並且這認同的理論基礎與各大宗教具有平等地位。立足宗門，面對世界，平等對話，共建佛菩薩的教化，是禪師們的實踐歷程，人們能從公案的對話中看到了禪的示現。不論祖師的禪法有著無遠弗屆的影響力，祖師的教化風範所影響，已超越古今，禪是為當代社會的心靈藥方。

參考書目

一、古典文獻（略依年代順序排列）

1. 姚秦・鳩摩羅什譯：《四十二章經》《大正藏》第 17 冊，東京：大藏出版株式會社，1988 年。

2. 姚秦・鳩摩羅什譯：《佛說八大人覺經》《大正藏》第 17 冊，東京：大藏出版株式會社，1988 年。

3. 姚秦・鳩摩羅什譯：《維摩詰所說經》，《大正藏》第 14 冊，東京：大藏出版株式會社，1988 年。

4. 姚秦・鳩摩羅什譯：《妙法蓮華經》，《大正藏》第 9 冊，東京：大藏出版株式會社，1988 年。

5. 後秦・鳩摩羅什譯：《大智度論》，《大正藏》第 25 冊，東京：大藏出版株式會社，1988 年。

6. 後秦・鳩摩羅什譯：《金剛般若波羅蜜經》，《大正藏》第 8 冊，東京：大藏出版株式會社，1988 年。

7. 梁・真諦譯：《大乘起信論》，《大正藏》第 32 冊，東京：大藏出版株式會社，1988 年。

8. 唐・慧能：《金剛經解義》，《續藏經》第 38 冊，台北：新文豐出版社，1994 年。

9. 唐・慧然集：《鎮州臨濟慧照禪師語錄》，《大正藏》第 47 冊，東京：大藏出版株式會社，1988 年。

10. 唐・王冰註：《黃帝內經》，北京：中醫古籍出版社，2003 年。

11. 唐・法海集：《南宗頓教最上大乘摩訶般若波羅蜜經六祖惠能大師於韶州大梵寺施法壇經》第 1 卷，《大正藏》第 48 冊，東京：大藏出版株式會社，1988 年。

12. 唐・宗密述：《禪源諸詮集》，《大正藏》第 48 冊，東京：大藏出版株式會社，1988 年。

13. 唐・般刺密諦譯：《大佛頂如來密因修證了義諸菩薩萬行首楞嚴經》，《大正藏》第 19 冊，東京：大藏出版株式會社，1988 年。

14. 宋・贊寧等撰：《宋高僧傳》，《大正藏》第 50 冊，東京：大藏出版株式會社，1988 年。

15. 宋・妙喜集：《禪林寶訓合註》，《卍新纂續藏經》第 64 冊，東京：大藏出版株式會社，1988 年。

16. 宋・圜悟禪師：《佛果圜悟禪師碧巖錄》，《大正藏》第 48 冊，東京：大藏出版株式會社，1988 年。

17. 宋・紹隆等編：《圓悟佛果禪師語錄》《大正藏》第 47 冊，東京：大藏出版株式會社，1988 年。

18. 宋・子文等編：《佛果克勤禪師心要》，《卍續藏》第 69 冊，東京：株式會社國書刊行會，1975～1989。

19. 宋・宗杲禪師：《大慧普覺禪師語錄》，《大正藏》第 47 冊，東京：大藏出版株式會社，1988 年。

20. 宋・宗杲禪師：《正法眼藏》，《卍續藏》第 61 冊，東京：株式會社國書刊行會，1975～1989 年。

21. 宋・法弘、道謙編：《普覺宗杲禪師語錄》《卍續藏》第 69 冊，東京：株式會社國書刊行會，1975～1989 年。

22. 宋・祖詠編：《大慧普覺禪師年譜》《嘉興藏》第 01 冊，台北：新文豐出版，2016 年。

23. 宋・無門慧開：《無門關》，《大正藏》第 48 冊，東京：大藏出版株式會社，1988 年。

24. 宋・延壽集：《宗鏡錄》，《大正藏》第 48 冊，東京：大藏出版株式會社，1988 年。

25. 宋・契嵩撰：《傳法正宗定祖圖》，《大正藏》第 51 冊，東京：大藏出版株式會社，1988 年。

26. 宋‧道原纂:《景德傳燈錄》第 1～14 卷,《大正藏》第 51 冊,東京:大藏出版株式會社,1988 年。

27. 宋‧智昭集:《人天眼目》,《大正藏》第 48 冊,東京:株式會社國書刊行會,1975～1989。

28. 宋‧普濟集:《五燈會元》,《卍續藏》第 80 冊,東京:株式會社國書刊行會,1975～1989。

29. 宋‧德洪著:《石門文字禪》《嘉興大藏經》第 23 冊,台北:新文豐出版,2016 年。

30. 宋‧師遠述:《十牛圖頌》,《卍續藏》第 64 冊,東京:株式會社國書刊行會,1975～1989 年。

31. 宋‧曉瑩集:《羅湖野錄》,《卍續藏》第 83 冊,東京:株式會社國書刊行會,1975～1989 年。

32. 宋‧志磐:《佛祖統紀》,《大正藏》第 49 冊,東京:大藏出版株式會社,1988 年。

33. 宋‧祖琇:《僧寶正續傳》《卍續藏》第 79 冊,東京:株式會社國書刊行會,1975～1989 年。

34. 宋‧集成編:《宏智禪師廣錄》《大正藏》第 48 冊,東京:大藏出版株式會社,1988 年。

35. 宋‧道融著:《叢林盛事》《卍續藏》第 86 冊,東京:株式會社國書刊行會,1975～1989 年。

36. 宋‧寶曇編:《大光明藏》7,《卍續藏》第 79 冊,東京:株式會社國書刊行會,1975～1989 年。

37. 元‧宗寶編:《六祖大師法寶壇經》,《大正藏》第 48 冊,東京:大藏出版株式會社,1988 年。

38. 元‧覺岸編:《《釋氏稽古略》卷 4,《大正藏》第 49 冊,東京:大藏出版株式會社,1988 年。

39. 元‧雪巖祖欽:《雪巖祖欽禪師語錄》,《卍續藏》第 70 冊,東京:株式會社國書刊行會,1975～1989 年。

40. 元‧高峰原妙:《高峰原妙禪師語錄》,《卍續藏》第 70 冊,東京:株式會社國書刊行會,1975～1989 年。

41. 明·胡文煥著:《十牛圖頌》,《卍續藏》第 64 冊,東京:株式會社國書刊行會,1975～1989 年。

42. 明·居頂集:《續傳燈錄》,《卍續藏》第 83 冊,東京:株式會社國書刊行會,1975～1989 年。

43. 明·明河撰:《補續高僧傳》,《卍續藏》第 77 冊,東京:株式會社國書刊行會,1975～1989 年。

44. 明·中峰明本:《天目中峰廣錄》,CBETA, B25, no. 145, p. 740a17。

45. 明·淨柱:《五燈會元續略》《卍續藏》第 79 冊,東京:株式會社國書刊行會,1975～1989 年。

46. 明·德清著:《紫柏尊者全集》,《卍續藏》第 73 冊,東京:株式會社國書刊行會,1975～1989 年。

47. 明·德清著:《憨山老人夢遊集》,《卍續藏》第 73 冊,東京:株式會社國書刊行會,1975～1989 年。

48. 明·智旭述:《般若心經釋要》,《卍續藏》第 26 冊,東京:株式會社國書刊行會,1975～1989 年。

49. 明·智旭述:《大乘起信論裂網疏》,《大正藏》第 44 冊,東京:大藏出版株式會社,1988 年。

50. 明·智旭疏義:《楞伽經義疏》,《卍續藏》第 17 冊,東京:株式會社國書刊行會,1975～1989 年。

51. 明·智旭節:《法華經玄義節要》,《卍續藏》第 28 冊,東京:株式會社國書刊行會,1975～1989 年。

52. 明·仁潮錄,《法界安立圖》,《卍續藏》第 57 冊,東京:株式會社國書刊行會, 1975～1989 年。

53. 明·朱時恩輯:《居士分燈錄》,《卍續藏》第 86 冊,東京:株式會社國書刊行會,1975～1989 年。

54. 明·如巹集:《禪宗正脈》第 2 卷,《卍續藏》第 85 冊,東京:株式會社國書刊行會,1975～1989 年。

55. 明·觀衡述:《般若心經小談》第 1 卷,《卍續藏》第 26 冊,東京:株式會社國書刊行會,1975～1989 年。

56. 清·笑隱大訢禪師:《蒲室集》,《卍續藏》第 69 冊,東京:株式會社國書刊行會,1975～1989。

57. 清‧超溟：《萬法歸心錄》,《卍續藏》第 65 冊,東京：株式會社國書刊行會,1975～1989。

58. 清‧豁說 發育等編,《寂光豁禪師語錄》第 3 卷,《嘉興藏》第 36 冊,台北：新文豐出版社,1987 年。

59. 清‧燈來說普定編,《三山來禪師語錄》第 15 卷,《嘉興藏》第 29 冊,台北：新文豐出版社,1987 年。

60. 清‧為霖道霈禪師：《餐香錄》《卍續藏》第 72 冊,東京：株式會社國書刊行會,1975～1989 年。

61. 清‧智祥編：《禪林寶訓筆說》《卍續藏》第 64 冊,東京：株式會社國書刊行會,1975～1989 年。

二、中文專書（依姓氏筆劃順序排列）

1. 王邦雄等著：《中國哲學史》上下冊,台北：里仁書局,2009 年。

2. 王夢鷗：《古典文學論探索》,台北：正中書局,1984 年。

3. 王志躍：《分燈禪》,台北：圓明出版社,1999 年。

4. 水月齋主：《禪宗師承記》,台北：圓明出版社,2000 年。

5. 印順法師：《佛法概論》,台北：正聞出版,2000 年。

6. 印順法師：《中國禪宗史》,新竹：正聞出版,2003 年。

7. 印順法師：《以佛法研究佛法》,台北：正聞出版,2000 年。

8. 牟宗三：《智的直覺與中國哲學》,台北：臺灣商務印書館,1974 年。

9. 牟宗三：《中國哲學十九講》,台北：臺灣學生書局,1990 年。

10. 牟宗三：《佛性與般若》上下冊,台北：臺灣學生書局,2004 年。

11. 吳汝鈞：《佛學研究方法論》,台北：台灣學生書局,1994 年。

12. 吳汝鈞：《佛教的概念與方法》,台北,台灣商務印書館,1988 年。

13. 吳汝鈞：《中國佛學的現代詮釋》,台北：文津出版,1998。

14. 吳汝鈞：《遊戲三昧：禪的實踐與終極關懷》,台北：台灣學生書局,1993 年。

15. 吳平編著：《新譯碧巖集》上下冊,台北：三民書局,2005 年。

16. 吳思敬：《詩歌鑑賞心理》,台北：揚智文化,2005 年。

17. 李天命：《存在主義概論》,台北：臺灣學生書局,2008 年。

18. 李元洛：《詩美學》,台北：東大圖書,2009 年。

19. 李澤厚：《美的歷程》，台北：三民書局，2002 年。

20. 李澤厚：《華夏美學》，台北：時報文化，1989 年。

21. 李申：《六祖壇經》，台北：佛光文化事業，1997 年。

22. 李杜：《中國古代天禪思想論》，台北：藍燈文化事業，1992 年。

23. 李浩：《唐詩美學精讀》，上海：復旦大學出版，2009 年。

24. 李欣霖：《儒家治療學》，雲林：春秋學會，2016 年。

25. 呂凱文：《正念療育的實踐與理論》，高雄：台灣正念學會，2015 年。

26. 余德慧：《生死學十四講》，台北：心靈工坊，2003 年。

27. 何文玲：《學院藝術批評教學理論之研究：形式主義、絡脈主義、及其整合之應》，台北：心理出版，2009 年。

28. 林安梧：《中國宗教與意義治療》，台北：明文書局，2001 年。

29. 林安梧：《禪師道德經新譯既心靈藥方》，台北：萬卷樓圖書，2015 年。

30. 林安梧：《金剛般若與生命療癒》，台北：萬卷樓圖書，2014 年。

31. 林崇安：《六祖壇經的祖本及其演變略探》，台北，大千出版，2001 年。

32. 林崇安：《臨濟語錄、無門關和禪家龜鑑》「佛法教材」，桃園：財團法人內觀教育基金會出版，2011 年 10 月。

33. 林清江編：《比較教育》，台北：五南圖書，1983 年。

34. 佛光山禪淨法堂編：《佛光禪入門》，高雄：佛光文化，2004 年。

35. 周裕鍇：《文字禪與宋代詩學》，北京：高等教育出版，1998 年。

36. 宗白華：《美學散步》，上海：上海人民出版，2001 年。

37. 宗白華：《藝境》，北京：北京大學出版社，1987 年。

38. 施以諾：《詩歌是一種抗憂鬱劑》，台北：主流出版，2018 年。

39. 唐君毅：《中國哲學原論·原道篇卷一》，台北：臺灣學生書局，2008 年。

40. 唐君毅：《中國哲學原論·原道篇、卷二》，台北：臺灣學生書局，2004 年。

41. 唐君毅：《中國哲學原論·導論篇》，台北：臺灣學生書局，2004 年。

42. 唐君毅：《哲學概論》上下冊，台北：臺灣學生書局，1984 年。

43. 唐君毅：《人生之體驗續編》，台北：臺灣學生書局，2011 年。

44. 洪修平、孫亦平：《惠能評傳》，南京：南京大學出版社，2000 年。

45. 洪修平：《中國禪學思想史》，台北：文津出版，1998 年。

46. 葛兆光：《禪宗與中國文化》，上海：上海人民出版社，1986 年。

47. 葛兆光：《中國宗教與文學論集》，北京：清華大學出版社，1998 年。

48. 葛兆光：《增訂本中國禪思想史——從 6 世紀到 10 世紀》，北京：北京大學出版社，1995 年。

49. 2006 年。

50. 符芝英：《傳燈——星雲大師傳》，台北：天下文化，1996 年。

51. 高宣揚：《後現代論》，台北：五南出版，1999 年。

52. 張曼濤：《六祖壇經研究論集》，台北：大乘文化出版，1976 年。

53. 張　珏：《公共心理衛生》，台北：巨流出版，2014 年。

54. 張節末：《禪宗美學》，北京：北京大學出版，2006 年。

55. 孫周興：《語言存在論——海德德後期思想研究》，北京：北京商務印書館，2011 年。

56. 徐復觀：《中國藝術精神》，台北：臺灣學生書局，1984 年。

57. 徐復觀：《中國人性論史》，台北：臺灣商務印書館，2010 年。

58. 徐小躍：《禪與禪師》，杭州：浙江人民出版社，1993 年。

59. 鈕則誠、趙可式、胡文郁：《生死學》，台北：空中大學，2008 年。

60. 勞思光：《新編中國哲學史》（一），台北：三民書局，1986 年。

61. 黃啟江：《北宋佛教史論稿》，台北：商務印書館，1997 年。

62. 黃龍杰：《心理治療詩篇》，台北：張老師文化，2000 年。

63. 楊國賜：《比較教育方法論》，台北，正中書局，1975 年。

64. 楊定一：《真原醫》，台北：遠流出版社，2013 年。

65. 楊惠南：《禪史與禪思·禪宗的兩大思想傳承》，台北：東大圖書，1995 年。葉維廉：《比較詩學》，台北：東大圖書，2002 年。

66. 錢　穆：《中國思想通俗講話》，台北：東大圖書，2004 年 1 月。

67. 蔡仁厚：《中國哲學史》上下冊，台北：臺灣學生書局，2009 年。

68. 曾昭旭：《良心教與人文教——論儒學的宗教面相》，台北：臺灣商務印書館，2003 年。

69. 邱鴻鍾：《大自然是一間療養院》，廣州：暨南大學出版社，2014 年。

70. 黃龍杰：《心理治療詩篇》，台北：張老師文化，200 年。

71. 魏道儒：《禪宗無門關》，高雄：佛光文化，2009 年。

72. 施以諾：《詩歌，是一種抗憂鬱劑：40 帖帶來幸福的心靈處方》，台北：主流出版社，2013 年。

73. 湛佑祥、陳界、劉傳和、夏旭等編著:《閱讀療法理論與實踐》,北京:軍事醫學科學出版,2011 年。

74. 鍾友彬、張堅學、康成俊、叢中著:《認識領悟療法》,北京:人民衛生出版,2012 年。

75. 陳榮華:《海德格存有與時間闡釋》,台北:國立臺灣大學出版中心:2012 年 2 月。

76. 鄭振煌:《看話參禪》,高雄:大千出版,2016 年。

77. 陳望衡:《中國古典美學史》,台北:華正書局,2001 年。

78. 陳平坤:《惠能禪法之般若與佛性》,台北:大千出版,2005 年。

79. 潘桂明:《中國禪宗思想歷程》,北京:今日中國出版,1992 年。

80. 鄭志明:劉易齋、孫長祥、孫安迪、楊荊生等著:《生命教育》,台北:國立空中大學,2011 年。

81. 顧宏義注譯:《新譯景德傳燈錄》上中下三冊(台北:三民書局,2009 年)。
   顧偉康:《禪淨合一流略》,臺北:東大圖書公司,1997 年。

82. 蕭麗華:《唐代詩歌與禪學》,臺北:東大圖書公司,年 1997。

83. 傅偉勳:《從創造的玄詮釋學到大乘佛學》,台北:東大圖書,1990 年。

84. 傅偉勳:《批判的繼承與創造的發展》,台北:東大圖書,1986 年。

85. 釋星雲主編:《佛光教科書(1)》,台北:佛光文化,1991 年。

86. 釋星雲:《佛光教科書(11)》,台北:佛光文化,1999 年。

87. 釋星雲:《人間佛教的戒定慧》,高雄:佛光文化,2013 年。

88. 釋星雲:《詩歌人間》,台北:天下文化,2013 年。

89. 釋星雲:《佛光世界 1》,台北:佛光文化,1998 年。

90. 釋星雲:《星雲日記》,台北:佛光文化,1991 年。

91. 釋星雲:《我不是「呷教」的和尚》,高雄:佛光文化,2019 年。

92. 釋滿義:《星雲模式的人間佛教》,台北:天下文化,2005 年。

93. 釋聖嚴:《日韓佛教史略》,臺北:東初出版社,1993 年。

94. 釋聖嚴:《禪與悟》,臺北:東初出版社,1993 年。

95. 釋聖嚴:《禪門驪珠集》,臺北:東初出版社,1993 年。

96. 釋聖嚴:《學術論考》,臺北:東初出版社,1993 年。

97. 釋聖嚴:《禪門修證指要》,臺北:法鼓文化,1999 年。

98. 釋聖嚴:《聖嚴說禪》,臺北:法鼓文化,1999 年。

99. 釋聖嚴：《絕妙說法——法華經講要》，臺北：法鼓文化，2002 年。

100. 釋聖嚴：《天台心鑰——教觀綱宗貫註》，臺北：法鼓文化，2002 年。

101. 釋聖嚴：《神會禪師的悟境》，臺北：法鼓文化，2005 年。

102. 釋聖嚴：《公案一百》，臺北：法鼓文化，2005 年。

三、西方學者專書（以英文開頭字母劃序）

1. 亞里斯多德（Aristotélēs）著，陳中梅譯：《詩學》，北京：北京商務印書館，1999 年。

2. 馬斯洛（Abraham Harold Maslow）著，唐譯編譯：《人本哲學》，長春：吉林出版集團，2013 年。

3. 阿德勒（Alfred Adler）著，吳書榆譯：《阿德勒心理學講義》，台北：經濟新潮社，2015 年。

4. 艾雅・凱瑪（Ayya Khema）：《內觀禪修次第》，台北，大千出版社，2013 年。

5. 布魯斯・穆恩（Bruce L. Moon）著，丁凡譯：《以畫為鏡——存在藝術治療》，台北：張老師文化，2012 年 8 月。

6. 榮格（Carl G. Jung）：《榮格文集，第七卷——人、藝術與文學中的精神》，北京：國際文化，2011 年。

7. 大衛・里秋（David Richo）著，楊語芸譯：《回歸真我——心靈與靈性的整合指南》，台北：啟示出版社，2012 年。

8. 丹尼爾・高曼（Daneiel Goleman）主編，李孟浩譯：《情緒療育》，台北：立緒出版社，2006 年。

9. 黑格爾著，朱光潛譯：《美學》第三卷、下冊，北京：北京商務印書館，1994 年。

10. 加斯東・巴舍拉（Gaston Bachelard）著，龔卓軍、王靜慧譯：《空間詩學》，台北：張老師文化，2012 年。

11. 伽達默爾（Hans-Georg Gadamer）著，洪漢鼎譯：《真理與方法Ⅰ、Ⅱ》，北京：北京商務印書館，2013 年。

12. 吉兒・佛瑞德門（Jill Freedman）、金恩・康姆斯（Gene Combs）著，易之新譯：《敘事治療——解構並重寫生命的故事》，台北：張老師文化，2011 年。

13. 布伯（Martin Buber）著，陳維剛譯：《我與你》，台北：桂冠圖書，2011年。

14. 羅洛‧梅（Rollo May）著，龔卓軍、石世明譯：《自由與命運》，台北：立緒出版社，2010年。

15. 茱迪絲‧奧羅芙（Judith Orloff,M.D.）《直覺療癒》，台北：遠流出版社，2002年。

16. 卡普樂（Philip Kapieau）：《禪，西方的黎明》，台北：志文出版社，1990年。

17. 哈維‧弗格森著（Harvie Ferguson），劉聰慧、郭之天、張琦譯：《現象學社會學》，北京：北京大學出版社，2010年。

18. 歐文‧亞隆（Irvin D. Yalom）著，易之新譯：《存在心理治療》上下冊，台北：張老師文化，2011年。

19. 康德（Immanuel Kant）：《純粹理性之批判》，北京：北京商務印書館，1960年。

20. 康德（Immanuel Kant）：《判斷力之批判》，台北：聯經出版社2013年。

21. 喬、卡巴金（Jon Kabat）著，陳德中、溫宗堃譯，《正念減壓療法——初學者手冊》，台北：張老師文化，2015年。

22. 喬、卡巴金（Jon Kabat）著，胡君梅譯，《正念療育力》，台北：野人文化，2016年。

23. 尼采（Friedrich Whilhelm Nietzsche）著，劉崎譯：《悲劇的誕生》，台北：志文出版，2014年。

24. 馬瑞諾夫（Marinoff Lou）著，吳四明譯：《柏拉圖靈丹——日常問題的哲學指南》，台北：方智出版社，2009年。

25. 海德格（Martin Heidegger）著，陳嘉映、黃慶節合譯：《存在與時間》，北京：北京三聯書店，2012年。

26. 瑪莎‧努斯鮑姆（Martha C.Nussbaum）：《詩性正義——文學想象與公共生活》，北京：北京大學出版社，2010年。

27. 麥克‧懷特（Michael White）著，黃孟嬌譯，《敘事治療的工作地圖》，台北：張老師文化，2011年。

28. 尼古拉斯‧瑪札（Nicholas Mazza）：《詩歌療法：理論與實踐》，南京：東南大學出版社，2013年。

29. 娜妲莉‧高柏（Natalie Goldberg）著，丁凡譯：《心靈寫作——創作你的異想世界》，台北：心靈工坊，2002 年。

30. 娜妲莉‧高柏（Natalie Goldberg）著，丁凡譯：《狂野寫作——進入書寫的心靈荒原》，台北：心靈工坊，2007 年。

31. 娜妲莉‧高柏（Natalie Goldberg）著，丁凡譯：《療癒寫作——啟動靈性的書寫秘密》，台北：心靈工坊，2014 年。

32. 諾丘‧歐丁（Nuccio Ordine），郭亮廷譯：《無用之用》，台北：大雁出版社，2016 年。

33. 保羅‧田立克（Paul Johannes Tillich，1886～1965）著，羅鶴年譯：《信仰的能力》，台南：教會公報，1999 年。

34. 羅洛‧梅（Rollo May）著，龔卓軍譯：《自由與命運》，台北：立緒出版社，2010 年。

35. 羅洛‧梅（Rollo May）著，彭仁郁譯：《愛與意志》，台北：立緒出版社，2010 年。

36. 舒斯特（Shlomit C.Schuster）著，張紹乾譯，《哲學診治》，台北：五南出版社，2007 年。

37. 史考特‧薩繆森（Scott Samuelson）：《在生命最深處遇見哲學》，台北：商周出版社，2006 年。

38. 史蒂夫‧鮑姆嘉納、瑪麗‧克羅瑟斯（Steve.R Baumgardner & Marie K.Crothers）合著，李政賢譯：《正向心理學》，台北：五南圖書，2014 年。

39. 薩奇‧聖多瑞里（Saki Santorelli）著，胡君梅譯：《自我療癒正念書》，台北：野人出版社，2014 年。

40. 托瓦爾特‧德特雷福仁（Thorwald ‧Dethlefsen）、呂迪格‧達爾可（Rudiger‧Dahlke）合著，易之新譯：《疾病的希望》，台北：心靈工坊，2011 年。

41. 弗蘭克（Viktor E. Framk）著，黃宗仁譯：《從存在主義到精神分析》台北：杏文出版社，1986 年。

42. 弗蘭克（Viktor E. Framk）著，趙可式、沈錦惠譯，《活出意義——從集中營說到存在主義》，台北：光啟文化事業，2010 年。

43. 維克多‧法蘭可（Viktor E. Framk）著，鄭納無譯，《意義的呼喚》，台北：心靈工坊，2010 年。

44. 弗蘭克（Viktor E. Framk）：《生命的主題》，台北：遠流出版社，1999 年。

45. 弗蘭克（Viktor E. Framk）著，游恆山譯：《生存的理由》，台北：遠流出版社，1991 年。

46. 瓦倫汀（Valentine）：《實驗審美心理學——音樂、詩歌篇》，台北：商鼎出版，2000 年。

四、日本學者專書（以姓氏筆劃排序）

1. 水野弘元著，釋惠敏譯：《佛教教理研究——水野弘元著作選集（二）》，台北：法鼓文化，2013 年。

2. 白取春彥編，叢研詰譯：《超譯尼采》，南京：鳳凰出版，2013 年。

3. 白取春彥編，楊明綺譯：《尼采的心靈咒語 2》，台北：商周出版，2012 年。

4. 鈴木大拙著，孟祥森譯：《禪學隨筆》，台北：志文出版社，1990 年。

5. 鈴木大拙著，徐進夫譯：《開悟第一》，台北：志文出版，1991 年。

6. 鈴木大拙，耿能秋譯：《禪風禪骨》，台北：大鴻藝術出版，1992 年。

7. 鈴木大拙、佛洛姆著，孟祥森譯：《禪與心理分析》，台北：志文出版，1994 年。

8. 鈴木大拙、林宏濤譯：《鈴木大拙禪學入門》，台北：商周文化，2016 年。

9. 阿部肇一：《中國禪宗史》，台北：東大出版，1986 年。

10. 岸見一郎：《拋開過去，做你喜歡的自己——阿德勒的勇氣心理學》，台北：方舟文化出版社，2015 年。

11. 平田精耕：《無門關》上下冊，台北：大展出版，1993 年。

五、期刊論文（依出版年代順序）

1. 楊白衣：〈看話禪之研究〉《華崗佛學學報》第 4 期，台北：中華學術院佛學研究所，1980 年。

2. 高雄義堅：〈宋代禪宗的特點〉，《香港佛教》343 期，香港，1981 年 5 月。

3. 楊聯陞：〈禪宗語錄中之聲〉，《清華學報》第十四卷第一期，1982 年。

4. 楊惠南：〈南禪「頓悟」說的理論基礎——以「眾生本來是佛」為中心〉，《國立臺灣大學哲學論評》第 6 期，台北：1983 年 1 月。

5. 李志夫：〈中國禪宗理事觀〉，《華崗佛學學報》第七期，1984 年。

6. 鄭志明：〈永嘉玄覺禪師證道歌義理初探〉，《中國佛教》第二十八卷第六期，1984 年 6 月。

7. 高柏園：〈壇經頓漸品中的頓悟與漸修〉，《中國文化月刊》第 65 期，台中：1985 年 3 月。

8. 鄭志明：〈唐代龐居士的詩偈及其宗教境界〉，《中國佛教》第二十九卷第十一期，1985 年 11 月。

9. 楊惠南：〈慧能及其後禪宗之人性論的研究〉，《哲學與文化》第 14 卷第 6 期，台北：1987 年 6 月。

10. 錢新祖：〈佛道的語言觀與矛盾語（上、下）〉，《當代》第十一期（1987 年），頁 63～71、十二期（1987 年），頁 101～108。

11. 吳永猛：〈禪宗圓相論探源〉，收於《佛教的思想與文化——印順導師八秩晉六壽慶論文集》，臺北：法光出版社，1991 年。

12. 林義正：〈石頭希遷的禪思想及其教育方法〉，《佛教的思想與文化——印順導師八秩晉六壽慶論文集》，臺北：法光出版社，1991 年。

13. 羅錦堂：〈莊子與禪〉，《中國文哲研究集刊》第三期，1993 年 3 月。

14. 葛兆光：〈荷澤宗考〉，《新史學》第五卷第四期，1994 年 12 月。

15. 楊曾文：〈牛頭法融及其禪法〉，收於釋恆清主編《佛教思想的傳承與發展》，台北：東大圖書股份有限公司，1995 年。

16. 林文彬：〈維摩詰經不二法門義理初探〉，台中：國立中興大學，《興大中文學報》第十期，1997 年。

17. 樓宇烈：〈讀慧海《頓悟入道要門論》隨記〉，《中華佛學學報》第十二期，台北市：中華佛學研究所，1999 年。

18. 顏亞玉：〈三平史幾個問題的再探討〉，《廈門大學學報》第一三七期，1999 年第 1 期。

19. 藍吉富：〈大慧宗杲焚燒《碧巖錄》事件的歷史評述——佛教倫理與世俗倫理的對立及其消解〉《禪宗全書》42 冊，台北：文殊出版社，1989 年。

20. 古天英：〈《壇經》宗教精神之探索〉，《中華佛學研究所論叢》，台北：1989 年 5 月。

21. 成中英：〈禪的詭論和邏輯〉，《中華佛學學報》第三期，1990 年，頁 185～208。

22. 洪修平：〈六祖惠能「見性成佛、頓悟成佛」思想研究〉，《兩岸當代禪學論文集》，嘉義：1990 年 5 月。

23. 王柏壽:〈六祖壇經的哲學及其禪德思想之研究〉,《嘉義師院學報》第 6 期,嘉義:1992 年 11 月。

24. 馮耀明:〈禪超越語言和邏輯嗎? ──從分析哲學觀點看鈴木大拙的禪論〉,《當代》六十九期(1992 年),頁 64～81。

25. 張伯偉:〈宋代禪學與詩話二題〉《中國文化》第 6 期,1992 年 9 月。

26. 辛旗:〈慧能與禪宗思想的奠基〉,《中國文化月刊》第 189 期,台中:1995 年 7 月。

27. 杜保瑞:〈壇經的功夫觀念〉,《第一屆禪與管理研討會論文集》,台北:1995 年 5 月。

28. 王立文、蕭麗華:〈禪宗公案的創造性思維〉,《第四屆佛學與科學研討會論文集》,台北:圓覺文教基金會,1996 年,頁 119～136。

29. 釋星雲:〈佛光山開山三十週年紀念特刊序〉,高雄:佛光文化,1997 年。

30. 釋濟群:〈六祖壇經的般若思想〉,《兩岸禪學研討會論文集》,台中:1998 年 10 月。

31. 蕭麗華:〈從儒佛交涉的角度看嚴羽《滄浪詩話》的詩學觀念〉台大《佛學研究中心學報》第五期,2000 年 7 月。

32. 蔣義斌:〈法眼文益的禪教思想〉,《中華佛學學報》第十三期,2000 年。

33. 王瓊玲:〈書評:《永遠的說書人:現代中國說唱文學》〉,《漢學研究》第 18 卷第 1 期,2000 年,頁 331～338。

34. 邱敏捷:〈胡適與鈴木大拙〉《兩岸當代禪學論文集》,嘉義:南華大學宗教文化研究中心,2000 年。

35. 陳良吉:〈談語文教學與文化教學的相關──時代精神和意識形態的啟發〉,《翻譯學研究集刊》第 5 期,2000 年,頁 23～62。

36. 陳家成、林杜娟:〈金剛經的數學模型及其解之探討〉,圓覺文教基金會《佛學與科學》第一卷第一期,2000 年,頁 18～25。

37. 何大安:〈論「案」、「按」的語源和案類文體的篇章構成〉,「讓證據說話:案類在中國」學術研討會,台北:中央研究院,2000 年。

38. 楊曾文:〈臨濟宗的門庭設施及其現代詮釋〉《兩岸當代禪學論文集(上)》,嘉義:南華大學宗教文化路究中心,2000 年。

39. 孫敏捷:〈胡適與鈴木大拙〉《兩岸當代禪學論文集(上)》,嘉義:南華大學宗教文化研究中心,2000 年。

40. 趙毅衡：〈大狂大俗，意在言外：談《八月雪》〉，《聯合文學》第 196 期，
    2001 年 2 月，頁 107～110。

41. 陳星橋：〈趙州和尚、趙州禪與柏林禪寺〉，《中國禪學》第一卷，2002 年，
    頁 474～488。

42. 張子開：〈《趙州語錄》和趙州禪風〉，《中國禪學》第一卷，2002 年，頁
    147～167。

43. 劉再復：〈趙州公案語言的主位推移與問答結構分析〉，《圓光佛學學報》
    第七期，2002 年，頁 213～245。

44. 劉再復：〈「趙州無」的語言符號〉，《普門學報》第十四期（2003 年），頁
    135～174。

45. 劉再復：〈高行健現代禪劇《八月雪》的意涵探索與形式分析〉，《玄奘佛
    學與文學學術研討會論文集》（2004 年），頁 E1～37。

46. 楊富學：〈敦煌本《歷代法寶記‧弘忍傳》考論〉，《佛學研究中心學報》
    第 6 期，台北：2001 年 7 月。

47. 丁建新、廖益清：〈批評話語分析介紹〉，《當代語言學》第 3 卷第 4 期，
    2001 年，頁 305～310。

48. 陳平坤：〈惠能《壇經》頓教禪法論義〉，《中華佛學研究期刊》第 6 期，
    台北：2002 年 03 月。

49. 石朝穎：〈中庸與六祖壇經的形上關懷〉，《華梵大學第六次儒佛會通學術
    研討會論文集》，台北：2002 年 7 月。

50. 鄧克銘：〈禪宗公案之經典化的解釋——以《碧巖錄》為中心〉，國立臺灣
    大學文學院佛學研究中心學報，第八期，2003 年 7 月。

51. 馮煥珍：〈論慧能禪的境界追求〉，《中國佛教學術論典》第 103 冊，高雄：
    2004 年 7 月。

52. 王榮國：〈唐志勤禪師生平考〉，《宗教學研究》第一期，2002 年。

53. 張子開：〈趙州和尚、趙州語錄與趙州禪〉，《中國禪學》第一卷，2002 年。

54. 釋聖嚴：〈漢傳佛教文化及其古文物〉，台北：中華佛學研究所《中華佛學
    研究》第七期，2003 年。

55. 鄧克銘：〈禪宗公案之經典化的解釋——以《碧巖錄》為中心〉，《臺大佛
    學研究》第八期，2003 年 7 月。

56. 羅因：〈中國佛教徒對於《金剛經》「無我」、「無相」思想的詮釋〉，《臺大中文學報》第二十二期，2005 年，頁 313～358。

57. 林湘華：〈從菩提達摩到大慧宗杲——個禪學認識架構的歷史形成〉，《普門學報》第二十八期，2005 年，頁 37～72。

58. 王偉：〈慈心悲願，利樂人間——從「慈悲心」看星雲大師人間佛教思想與實踐〉《星雲大師人間佛教理論實踐研究（上）》高雄：佛光文化，2008 年。

59. 劉澤亮：〈理念與實踐養成的人間佛教〉《普門學報》第 40 期，2007 年 7 月。

60. 陳書梅：〈閱讀與情緒療癒——淺談書目療法〉《全國新書資訊月刊》，台北：國立圖書館，2008 年 12 月。

61. 鄧子美：〈星雲模式之歷史性成就〉《星雲大師人間佛教理論實踐研究（下）》，高雄：佛光文化，2008 年。

62. 尤淑如：〈作為倫理實踐的哲學諮商〉，台北：輔仁大學天主教學術研究院，哲學與文化第卅七卷，第一期，2010 年 1 月。

63. 程恭讓：〈太虛、聖嚴、星雲：現當代漢傳佛教三導師的《維摩經》詮釋〉《2013 佛光大學佛教研究中心開幕研討會論文集》。

64. 黃敬家：〈宋元禪師對「趙州勘婆」公案的接受與多重闡釋〉，《漢學研究》，31 卷 4 期，2013 年。

65. 蕭麗華：〈「文字禪」詩學的發展軌跡〉《台大佛學研究中心學報》，2014 年 12 月，16 卷 1 期。

66. 高婉瑜：〈從模因論看禪門詩句的發展與傳播〉，臺北：國立臺灣師範大學，《師大學報》六十卷第一期，2015 年 3 月。

67. 李開濟：〈溈仰宗禪法——中國圓相思想〉，《哲學與文化》第四十三卷第一期，2016 年 1 月。

68. 李勇：〈佛光禪的止觀思想〉《星雲大師人間佛教理論實踐（上）》，高雄：佛光山人間佛教研究院出版社，2016 年。

69. 吳光正：〈《釋迦牟尼佛傳》與星雲大師的宗教情懷〉《人間佛教學報》第九期，高雄：佛光文化，2017 年。

70. 江迅：〈拜見星雲大師，是一種生活方式〉《人間佛教》學報第十四期，2018 年 3 月。

71. 樓宇烈：〈踐行『人間佛教』的楷模〉《人間佛教》學報第十四期，2018 年
3 月。

六、學位論文（依出版年代順序）

1. 杜松柏：《禪學與唐宋詩學》，臺灣師範大學國文研究所博士論文，1976
年。

2. 台北：黎明文化事業公司，1976 年。

3. 孔維勤：《永明延壽宗教論》，中國文化大學哲學研究所博士論文，1982
年。臺北：新文豐出版社，1983 年。

4. 郝慰光：《唐代禪宗語錄語法分析》，台北：輔大語言學所碩士論文，1985
年。

5. 邢東風：《南宗禪學研究》，中國人民大學哲學系博士論文，1990 年。

6. 徐文明：《中土前期禪學思想研究》，北京大學哲學系博士論文，1994 年。

7. 張勇：《傅大士研究》，四川大學中文系博士學位論文，1995 年。台北：
法鼓文化，1999 年。

8. 吳言生：《禪詩研究》，陝西師範大學文學所博士論文，1999 年。

9. 元鍾實：《慧能禪思想》，台北：政治大學中國文學研究所，博士論文，
1995 年。

10. 陳福帥：《六祖壇經的管理哲學》，台中：東海大學哲學系研究所，碩士論
文，1996 年。

11. 蔡纓勳：《善導思想之研究》，臺灣師範大學國文研究所博士論文，1997
年。

12. 張清泉：《北宋契嵩的儒釋融會思想》，政治大學中文系博士論文，1997
年。台北：文津出版社，1998 年。

13. 王鳳珠：《永明禪師禪淨融合思想研究》，臺灣師範大學國文研究所博士
論文，2003 年。臺北：臺灣學生書局，2007 年。

14. 李幸玲：《廬山慧遠研究》，臺灣師範大學國文研究所博士論文，2002 年。
台北：萬卷樓圖書公司，2007 年。

15. 歐陽宜璋：《趙州公案語言的模稜性研究》，台北：政大中文所博士論文，
2002 年。

16. 李重慶：《壇經之心性觀與心靈管理》，嘉義：南華大學哲學研究所，碩士
論文，碩士論文，2007 年。

17. 陳懿瑩：《六祖壇經的輔導哲學》，台中：東海大學哲學系研究所，碩士論文，2007 年。

18. 邱淑美：《六祖壇經的生死哲學及其養生觀》，台中：東海大學哲學系研究所，2009 年。

19. 姬天予：《宋代禪宗臨宗偈研究》，玄奘大學中國文學系博士論文，2014 年。新北：花木蘭文化出版社，2015 年。

七、網站資訊

1. CBETA 電子佛典集成 2018，中華電子佛典協會。

2. 南華大學哲生系網頁：http：//www.nhu.edu.tw/~sts/class/class_03_3.htm. 2019/2/5

3. 美國 kirkus review 書評網站：《療癒寫作——啟動靈性的書寫秘密》。

4. 林崇安：〈「覺之教育」的實踐原則及方法〉參考：www.ss.ncu.edu.tw/~calin/article2008/

5. 劉勰：《文心雕龍》參考「中國哲學書電子化計劃」網址：https：//ctext.org/wenxin-diaolong/ming-shi/zh

6.《教育百科》網：「閱讀治療」詞條：http：//pedia.cloud.edu.tw/Entry/Detail/?title=%E9%96%B1%E8%AE%80%E6%B2%BB%E7%99%82%EF%BC%88bibliotherapy%EF%BC%89